税理士必携

銀行融資を引き出す仕訳90

税理士 諸留 誕 著
Morotome Jo

日本法令

まえがき

　銀行融資のご相談をいただくなかで、しばしば感じることがあります。

「仕訳がよくない」

　決算書や試算表を確認しているときに、そう感じるのです。
　「仕訳と銀行融資になんの関係があるのか」と不思議に思う人もいるかもしれません。
　誤解を恐れずにいえば、仕訳には、銀行にとって心証のよい仕訳と、心証のよくない仕訳とがあります。前者は、銀行融資を受けやすくする仕訳であり、後者は、銀行融資を受けにくくする仕訳です。どちらも税務・経理上は問題ないとしたら、前者を選択したほうが賢明です。
　仕訳ひとつで銀行融資の受けやすさは変わり「え」ます。仕訳の積み重ねが決算書や試算表なのであって、その決算書や試算表が銀行の評価対象である以上、仕訳が銀行融資に影響を与えることは十分にあるわけです。
　もちろん「仕訳を変えるだけ」で銀行融資が受けられるようになる、などというつもりはありません。繰り返すようですが、「仕訳も」銀行融資に影響を与えうる、という話をしています。
　融資に影響を与えるにもかかわらず、仕訳をおざなりにしている決算書や試算表は、筆者が知る限り決して少なくありません。おざなりとは、銀行の視点が抜け落ちているということです。
　税金計算においては（税務署にとっては）問題のない仕訳であっても、銀行融資においては（銀行にとっては）問題のある仕訳があるのです。税理士の視点が税金計算に寄りすぎるあまり、顧問

先の仕訳がおざなりになることもあります。

　本書では、銀行にとって心証のよくない仕訳（あるいは、心証を悪くするおそれがある仕訳）を⚠️**要注意**仕訳とし、銀行にとって心証のよい仕訳を👍**イチ推し**仕訳として整理しました。これらの仕訳を通じて、顧問先が銀行融資をよりスムーズに受けられるようになるための、経理処理の考え方をお伝えしていきます。決算書作成のポイントとしてもお役立ていただける内容です。

　銀行融資・銀行対応に関する書籍は少なくありませんが、仕訳に焦点をあて、仕訳だけをまとめた書籍はないものと思われます。

　本書が、顧問先の決算書に携わるうえで、あたらしい視点、あたらしい気づきとなれば幸いです。

2024年12月

税理士　諸留　誕

もくじ

Chapter 1 | 基礎知識
（銀行融資と経理処理の関係）

基礎知識Ⅰ　税理士と仕訳……………………………………………10
基礎知識Ⅱ　決算書の良し悪し………………………………………15
基礎知識Ⅲ　決算書の見方……………………………………………19

Chapter 2 | 貸借対照表

資産の部
仕訳例01　現金その1……………………………………………………26
仕訳例02　現金その2……………………………………………………28
仕訳例03　現金その3……………………………………………………30
仕訳例04　預　　金………………………………………………………32
仕訳例05　売掛金その1…………………………………………………34
仕訳例06　売掛金その2…………………………………………………36
仕訳例07　売掛金その3…………………………………………………38
仕訳例08　棚卸資産その1………………………………………………40
仕訳例09　棚卸資産その2………………………………………………42
仕訳例10　棚卸資産その3………………………………………………44
仕訳例11　棚卸資産その4………………………………………………46

仕訳例12	棚卸資産その5	48
仕訳例13	受取手形	50
仕訳例14	仮払金	52
仕訳例15	立替金	54
仕訳例16	有価証券	56
仕訳例17	貸付金	58
仕訳例18	前払費用	60
コラム❶	投資有価証券に含み益が生じている場合	62
コラム❷	保険積立金に含み益が生じている場合	63
仕訳例19	固定資産その1	64
仕訳例20	固定資産その2	66
仕訳例21	固定資産その3	68
仕訳例22	固定資産その4	70
仕訳例23	建設仮勘定	72
仕訳例24	倒産防止共済掛金	74
仕訳例25	長期前払費用	76
仕訳例26	繰延資産その1	78
仕訳例27	繰延資産その2	80
コラム❸	土地に含み益が生じている場合	82

負債の部

仕訳例28	支払手形	84
仕訳例29	買掛金その1	86
仕訳例30	買掛金その2	88
仕訳例31	買掛金その3	90
仕訳例32	未払金その1	92
仕訳例33	未払金その2	94
仕訳例34	未払金その3	96

仕訳例35	未払消費税等	98
仕訳例36	前 受 金	100
仕訳例37	預 り 金	102
仕訳例38	借入金その1	104
仕訳例39	借入金その2	106
仕訳例40	借入金その3	108
仕訳例41	借入金その4	110
仕訳例42	リース債務	112
仕訳例43	賞与引当金	114
仕訳例44	退職給付引当金	116
コラム❹	賞与引当金の別表加算と注記	118

純資産の部
仕訳例45	資 本 金	120
コラム❺	役員借入金が必ずしも有利とはいえない	122
コラム❻	利益剰余金の額を確認する	123

Chapter 3 損益計算書

売上高・売上原価
仕訳例46	売上高その1	126
仕訳例47	売上高その2	128
仕訳例48	売上高その3	130
仕訳例49	売上高その4	132
仕訳例50	売上高その5	134

仕訳例51	仕入高その1	136
仕訳例52	仕入高その2	138
仕訳例53	外注費	140

販売費及び一般管理費

仕訳例54	役員報酬その1	142
仕訳例55	役員報酬その2	144
仕訳例56	給与その1	146
仕訳例57	給与その2	148
仕訳例58	給与その3	150
仕訳例59	退職金	152
仕訳例60	法定福利費	154
仕訳例61	福利厚生費その1	156
仕訳例62	福利厚生費その2	158
仕訳例63	交際費その1	160
仕訳例64	交際費その2	162
仕訳例65	広告宣伝費	164
仕訳例66	旅費交通費	166
仕訳例67	水道光熱費	168
仕訳例68	消耗品費	170
仕訳例69	地代家賃	172
仕訳例70	リース料	174
仕訳例71	修繕費	176
仕訳例72	租税公課	178
仕訳例73	支払報酬	180
仕訳例74	保険料	182
仕訳例75	支払手数料	184
仕訳例76	諸会費	186

もくじ

仕訳例77	減価償却費その１	188
仕訳例78	減価償却費その２	190
仕訳例79	減価償却費その３	192
仕訳例80	減価償却費その４	194
仕訳例81	研究開発費	196
仕訳例82	貸倒引当金	198
仕訳例83	雑　費	200
コラム❼	車両関連費と旅費交通費を区分する	202
コラム❽	地代家賃とリース料を区分する	203

営業外収益
| 仕訳例84 | 雑収入その１ | 204 |
| 仕訳例85 | 雑収入その２ | 206 |

営業外費用
仕訳例86	受取家賃	208
仕訳例87	支払利息	210
コラム❾	支払利息を３つの指標で分析する	212

特別損失
| 仕訳例88 | 固定資産売却損 | 214 |
| 仕訳例89 | 店舗閉鎖費用 | 216 |

当期純利益
| 仕訳例90 | 法人税及び住民税、事業税 | 218 |
| コラム❿ | 税理士は銀行融資を推すべきか | 220 |

Chapter 1 | 基礎知識
（銀行融資と経理処理の関係）

Ⅰ 税理士と仕訳
Ⅱ 決算書の良し悪し
Ⅲ 決算書の見方

税理士と仕訳

 仕訳は決算書の起点

　会社が銀行から融資を受けるにあたっては、決算書が大事だとよくいわれます。

　銀行が融資の可否を判断する材料にはいろいろありますが、現状、もっとも大きなウエイト（銀行によって7～9割ていど）を占めるものが決算書です。

　決算書は、日ごろの経理処理からつくられます。より具体的には仕訳です。日々の仕訳の数々が、決算書に集約されます。仕訳はいわば決算書の起点であり、日々の仕訳もまた、銀行融資において大事といって過言ではありません。

　税務申告の過程で、私たち税理士は「顧問先がおこなった仕訳」を目にしています。また、顧問先では仕訳ができない、つまり記帳代行を請け負っているのであれば、税理士自身（事務所職員を含む）が仕訳をおこなっているはずです。いずれにせよ、税理士と仕訳は、切っても切れない関係にあります。

　好むと好まざるとにかかわらず、税理士は顧問先の銀行融資に関わりを持っているのです。

仕訳しだいで融資が受けやすくなる

　銀行融資への影響という視点で仕訳を見たとき、顧問税理士として注意すべき仕訳があります。そのままにしておくと、顧問先が融資を受けにくくなる仕訳、またはそのおそれがある仕訳です。

　顧問税理士としては、遅くとも仕訳を目にした段階では対応したいわけですが、税理士が問題に気づけなければどうしようもありません。そこで、本書では「注意したい仕訳」のよくある例を、26ページ以降で⚠️**要注意**仕訳として取り上げています。

　反対に、融資が円滑に受けやすくなる仕訳も、👍**イチ推し**の仕訳として紹介しています。

税理士だからこそ仕訳にこだわる

　ここまでについて、「仕訳の記載内容を変えるだけであり、小手先のテクニックにすぎないのではないか」と感じるかもしれません。

　たしかに仕訳はテクニックですが、本書が推奨するのは、事業の実態をより正しくあらわすために仕訳を精査することです。小手先とは真逆の、いわば本質的なテクニックです。

　「小手先の仕訳」があるとすれば、粉飾（利益・資産の水増し）をするための仕訳がまさにそれです。たとえば、架空売上や架空在庫を計上するなど、事業の実態を歪めてしまう仕訳こそ、小手先の仕訳の典型といえます。

　これに対し、本書が推奨する仕訳では、事業の実態をより正しくあらわすために、ときには従来とは異なる勘定科目を仕訳に用いることや、あえて仕訳の数を増やすといったこともします。銀

行だけではなく、顧問先自身（とくに社長）も事業の実態をより正確に把握できるようになることを一義としています。

決算書とは切っても切れない関係にある顧問税理士であればこそ、仕訳へのこだわりは大切です。顧問税理士としては、事業の実態を歪める仕訳ではなく、事業の実態をより正しくあらわす仕訳を常に目指すべきです。

AIにも奪われない価値

最近では、AIによる自動仕訳を売りにする会計ソフトも珍しいものではなくなりました。そのような会計ソフトで経理処理をしている会社であれば、「そもそも仕訳に迷うことはなくなった、少なくなった」という状況です。

この点からは、経理処理における税理士の価値は下がったようにも思えます。「税理士の仕事はAIに奪われる」といった話にもつながるところです。

しかし、税理士が事業の実態をより正しくあらわす仕訳をアドバイスし、顧問先が融資を受けやすくなるサポートができたらどうでしょう。

いま現在、AIによる自動仕訳もそこまでは対応できていませんから、そのアドバイスは、税理士の価値を高めるはずです。

また、対AIのみならず、他の税理士に対する差別化にもなります。銀行融資・銀行対応に詳しい税理士はそう多くはありません。仕訳を通じて銀行融資・銀行対応の支援ができる税理士となれば、さらに少数だからです。

顧問先との話題に困らない

　ところで、月次決算の際、顧問先（とくに社長）と何を話せばよいかわからない、という税理士の悩みがあります。

　勘定科目の些細な修正や、会計ソフトの消費税コードの誤りを指摘するくらいで、あとは「売上が〇〇万円で、原価が〇〇万円で、利益が〇〇万円でした」など、試算表を見ればわかるような報告が関の山……というのは、「税理士あるある」のひとつでしょう。駆け出しのころなどは、とくにありがちです。筆者もかつてそうでした。

　これでは、顧問先は不満を感じることにもなりますし、クレームや契約解除につながることもあるでしょう。なにより、税理士自身も仕事にやりがいを得られません。

　しかし、銀行融資・銀行対応の話もできれば、状況を変えるきっかけになります。顧問先にとって、資金繰りは大きな関心事であり、銀行融資は資金繰りを支える有効な手段だからです。銀行融資が受けやすくなるという話であれば、顧問先の関心は高まりますし、税理士が提供するサービスの価値もより大きく感じてもらえることでしょう。

　毎月の月次決算を通じて、「この税理士は、他の税理士とはちょっと違う」と感じてもらいやすくなる（差別化）、ということでもあります。

 結論だけでなく理由まで伝える

　この銀行融資・銀行対応の話とは、より具体的にいえば仕訳についてです。繰り返しになりますが、銀行の心証がよい仕訳、よ

くない仕訳という話は、顧問先にとっておおいに価値があります。

このとき、どのような経理処理が望ましいかという結論だけでなく、なぜその経理処理が望ましいかという理由まで説明したいものです。

顧問先に対し、「銀行は○○という視点から会社（の事業、試算表、決算書）を見ています。ですから、この仕訳は……」といった具合に、伝えられるとよいでしょう。

顧問先が銀行の見方を理解すれば、財務面でどういった状態を目指せばよいか（財務の目標）がわかるようになりますし、社長が銀行の担当者と接するときにもより的を射た話ができるようになります。これにより、ますます融資が受けやすくなるでしょう。

融資という成果が出れば、顧問先は「この税理士の話をもっと聞きたい」と、より耳を傾けるようにもなるでしょう。顧問先の財務改善が実現し、喜んでもらえるのであれば、顧問税理士としてのやりがいもいっそう高まるというものです。

決算書の良し悪し

 利益が過小に見られるのを避ける

基礎知識Ⅰでは仕訳によって事業の実態をより正しくあらわすことの重要性を強調しましたが、「事業の実態をより正しくあらわす」ためには、具体的にどうすべきでしょうか。

おもに次の2つが挙げられます。

1つめは**利益に注意を払うこと**です。

ひとくちに利益といっても、いろいろあります。損益計算書でいうと上から、売上総利益、営業利益、経常利益、税引前当期純利益、当期純利益です。これらの利益について、どれが一番大事ということはなく、銀行は「どれも大事」という見方をします。

にもかかわらず、仕訳によってはこれらの利益が過小に見られてしまうことがあるので、気をつけなければいけません（具体的な仕訳例は26ページ以降で後述）。仕訳次第で、事業の実態を正しくあらわせていないケースがあるということです。

銀行融資を引き出すにあたっては、黒字であることが望ましく、利益は大きければ大きいほどよいといえます。銀行が「利益＝返済財源」という見方をするからです。利益が過小に見られるのは損でしかありません。

利益はますます大事になる

　利益に関連して、金利上昇についてもふれておきます。
　2024年3月、日銀は長らく続いたマイナス金利政策を解除しました。同年7月には追加利上げを実施しており、今後もさらなる利上げが想定されるところです。
　これを受けて、融資金利も上昇しています。となれば、心配になるのが融資審査の厳格化です。
　融資金利が上昇すると返済負担が増えることから、返済が滞る会社の増加が見込まれます。貸倒れを避けたい銀行としては、融資審査を厳しくせざるをえない状況です。これにより、いままでは融資が受けられていた会社も、これからは融資を断られるようになるかもしれません。
　したがって、これまで以上に利益が大事になるものと考えるべきです。銀行が「利益＝返済財源」と見ることは前述のとおりですので、利益の増加に取り組むことは大前提です。そのうえで、利益が過小に見られるのは、銀行からの評価をムダに下げる行為ですので、絶対に避けなければなりません。
　また、融資先の利益が少なくなるほど、銀行の貸倒れリスクが高まることから、融資金利は引き上げられるものです。融資を引き出せたとしても、金利が高くなれば、会社の返済負担は大きくなるので、資金繰りが悪化してしまいます。日銀主導の金利上昇に加えて、さらに利益が過小に見られるのが原因で、銀行から融資金利を引き上げられるのでは、会社がもちません。

決算書の透明度を高める

　仕訳で「事業の実態をより正しくあらわす」ためにおこなうべきことの２つめは、**決算書の透明度を高めること**です。透明度が低いようでは、銀行としても融資がしづらくなります。

　典型例が粉飾です。実際に粉飾をしているのであれば、それは自業自得以外のなにものでもありません。

　気をつけたいのは、粉飾などしていないにもかかわらず、銀行から粉飾を疑われてしまう決算書です。仕訳によって粉飾を疑われ、決算書の透明度を低くしないよう、注意が必要です。

　また、そもそも仕訳以前に、銀行から不透明だと見られる取引が生じないように努めることが欠かせません。生じてしまった取引を取り繕うのでは、やはり粉飾になってしまいます。

　決算書の透明度が低いことで融資が受けにくくなるのも問題ですが、たとえ融資が受けられたとしても、融資条件（金利や担保・保証など）が悪くなってしまうのも問題です。

　決算書の透明度を高めるという視点からも、仕訳を考えることが大切です。

決算書では伝えられないこと

　前述のとおり、決算書は銀行が融資の可否を判断するにあたり大きなウエイトを占めています。とはいえ、すべてではありません。筆者の感覚的には、１～３割くらいは決算書以外の材料も影響しているものです。

　一例として、「商売の良し悪し」という材料が挙げられます。その事業に将来性はあるのか、ということです。いま利益が出て

いたとしても、市場のニーズは減少傾向であり、いずれは撤退を余儀なくされるような商売であれば、銀行からの評価は下がります。逆に、いまは利益が小さくても、赤字でも、近い将来ニーズの増加が見込まれるのであれば、銀行からの評価は必ずしも悪いものではありません。

とはいえ、決算書や試算表を見ているだけでは、商売の良し悪しはわかりません。そもそも「誰に・何を・どのように売っているのか」という商売の内容ですら、決算書だけではわかりません。

いずれにしろ、決算書だけでは銀行に伝わらないことがあり、決算書がすべてではないということが大前提です。

まずは決算書から

金融庁も銀行に対して、「決算書だけで評価をせずに、事業の将来性も評価をしたうえで融資を検討すること」(事業性評価による融資)を要請しています。ゆえに今後は、決算書が融資可否の判断に占めるウエイトは下がっていくでしょう。

とはいえ、だからといって決算書自体の重要性が下がるものではありません。過去の実績をあらわす決算書は、事業の将来性をはかるうえでの重要な情報であることに変わりはありません。また、銀行が事業の将来性を評価できるようになるのには、相応の時間がかかるでしょう。そのあいだは引き続き、決算書の占めるウエイトが大きい状態が続くものと考えます。

以上をまとめると、「決算書だけではないとはいえ、そうはいってもまずは決算書」というのが、融資をとりまく現状といえます。

私たち税理士は、銀行融資における決算書の位置づけや重要性を理解すべきですし、決算書の起点となる仕訳をおざなりにするわけにはいきません。

決算書の見方

 可能性にあたりをつける

　仕訳は決算書の起点だと前述しましたが、日々の仕訳の蓄積によってできあがった決算書を、どのように見ればよいのでしょうか。「決算書の見方がわからない」というのは、多くの社長の素朴な悩みです。
　そんな悩みに対して、明快な解説ができない税理士が少なくありません。「銀行による決算書の見方」となればなおさらです。
　社長にとって銀行融資は大きな関心事であり、銀行が自社の決算書をどう見ているのかを、社長は気にしているものです。税理士としては、以下で述べる「銀行による決算書の見方」を、顧問先に伝えるとよいでしょう。
　なお、本書は仕訳をはじめとした経理処理を主題としており、ここでの「決算書の見方」はあくまで簡易的なものです（最終的に必要となる、より深い見方については、拙著『税理士必携 顧問先の銀行融資支援スキル 実装ハンドブック』をご参照ください）。

　以下、銀行視点の決算書の見方については、次章以降の仕訳が検討されていることが前提でもあります（そのため、先にChapter 2・3にお目通しの後、本項に戻る流れでも差支えあ

りません)。

 平均月商を計算する

　まずは、損益計算書で売上高を確認して、**平均月商**(＝売上高÷12か月)を計算します。
　平均月商は、銀行融資を考えるうえでモノサシの役割をはたす場面が多いので、あらかじめ計算しておくとよいでしょう。

 最終利益を確認する

　同じく損益計算書で、**最終利益**(当期純利益)がいくらかを確認します。
　銀行は、「利益＝返済財源」と見ていることから、利益の大きさが重要です。
　このとき、あわせて役員報酬も確認しておきましょう。中小企業では、役員報酬が利益の調整弁として使われることが多いからです。同じ額の最終利益であっても、役員報酬が多い決算書と、役員報酬が少ない決算書とでは、利益の意味合いが異なります。
　たとえば、最終利益が100万円の赤字で、社長の役員報酬が2,000万円というケースで考えてみましょう。このとき、「役員報酬は1,000万円でも、社長は生活できるはず」と見るのであれば、実質的には900万円の黒字だと評価できます。
　いっぽう、最終利益が100万円の黒字で、社長の役員報酬が200万円というケースはどうでしょう。このとき、「役員報酬は400万円くらいなければ、社長は生活できないはず」と見るのであれば、実質的には100万円の赤字だと評価されます。以上が銀行の見方です。

預金水準を確認する

次に、貸借対照表から、**預金水準**を確認します。

預金水準の確認には、**預金月商倍率**（＝預金÷平均月商）を用います。これは「預金が平均月商の何か月分あるか」をはかる指標です。目安は次のとおりです。

預金月商倍率
- 1か月分未満　　　　　　　→　　とても危険
- 1か月分以上、2か月分未満　→　　やや危険
- 2か月分以上、6か月分未満　→　　おおむね安全
- 6か月分以上　　　　　　　→　　かなり安全

銀行はこのような見方をしており、預金水準が低いほど融資は受けにくくなります。銀行融資をスムーズに受けることを考えるのであれば、平均月商の2か月分以上をキープしたいところです。

純資産を確認する

同じく貸借対照表で、**純資産**を確認します。

まずは、債務超過（純資産がマイナス）になっていないかどうかです。債務超過であれば、「3年以内に解消できるか」がポイントになります。経営改善計画を銀行に提示するなどして、解消可能であることを納得してもらいましょう。

債務超過ではない場合でも、純資産の金額が小さいほど、銀行は不安を感じます。ちょっとした赤字でも、債務超過になる可能性が高くなるからです。1～2年のあいだ赤字であっても資産超

過を維持できるくらいの純資産が、ひとまずの目標になります。

そのうえで、純資産は多ければ多いほどよいこと、つまり、毎年の利益を積み上げるのが大事であることを、顧問先にも理解してもらいましょう。実際に、純資産が多くなると融資は受けやすくなり、融資条件もよくなります。にもかかわらず、目先の納税を嫌って、利益を減らそうとする会社は少なくありません。

なお、銀行は「利益剰余金÷創業からの年数」を平均利益と見ています。この平均利益と直近決算の利益とを見比べることで、「直近決算の利益が多いのか少ないのか」（直近決算の調子は良いのか悪いのか）の目安にするわけです。

借入金を確認する

さらに、貸借対照表では、**銀行からの借入金**を確認します。

流動負債と固定負債に分かれていれば合算して、「銀行借入の合計額」を把握しましょう。

そのうえで、**借入金月商倍率**（＝銀行借入の合計額÷平均月商）を計算します。「銀行借入が平均月商の何か月分あるか」をはかる指標です。目安は次のとおりです。

借入金月商倍率
・3か月分未満　　　　　　　　→　　おおむね正常
・3か月分以上、6か月分未満　　→　　借入がやや多い
・6か月分以上　　　　　　　　　→　　借入が多い

これはだいぶ大雑把な目安ではありますが、銀行もこのような見方をしていることがあります。

もっとも、借入の金額だけをもって、借入の多さをはかれるも

のではありません。たとえば、1億円の借入があっても、1億円の預金があれば、その借入はないのと同じだからです。

そこで、次の指標も、あわせて確認します。

債務償還年数＝
（銀行借入の合計額－現金預金）÷（当期純利益＋減価償却費）

この**債務償還年数**は、「当期純利益＋減価償却費」を返済財源と見たときに、「いまある借入を何年で完済できるか」をはかる指標です。どの銀行も、おおむね「10年以内が正常」だと見ています。逆に、「10年を超えるようなら借入が多すぎる」という見方です。

以上のように、銀行は、借入金月商倍率と債務償還年数の両方で、借入金を確認しています。

経常運転資金を確認する

経常運転資金（＝売上債権＋棚卸資産－仕入債務）は、会社が事業を続けている限り、売上債権と棚卸資産が現金化されるまで立て替える必要がある金額です。これを、銀行借入によってまかなうのが財務のセオリーです。

貸借対照表から、経常運転資金の額を計算してみましょう。そのうえで、銀行借入の合計額と比較します。もし、「経常運転資金の額＞銀行借入の合計額」であれば、その会社は「借りなさすぎ」です。借りるべき金額を借りていないことで、資金繰りを悪くしている可能性があります。

いっぽうで、「経常運転資金の額＜銀行借入の合計額」となる場合、経常運転資金の額を超える借入は、設備投資のための借入であることが考えられます。対になるような固定資産がないか、貸借対照表で確認してみましょう。目ぼしい固定資産が見当たらない場合には、赤字補てんとしての借入が推測されます。

　なお、経常運転資金の額が大きい場合には、短期継続融資で借りられているかの確認も重要です（**仕訳例39**参照）。短期継続融資で借りられていない場合には、その分、資金繰りを悪くしている可能性があります。

　また、前年以前の経常運転資金の額を、推移で確認してみましょう。経常運転資金を構成する売掛金や棚卸資産は、粉飾決算によく利用される勘定科目です。よって、粉飾決算をしている会社の経常運転資金には、増加の傾向が見られます。銀行もそのような見方をしており、経常運転資金が急増しているときや、売上は減少しているのに経常運転資金は増加しているときなどは要注意です。

Chapter 2 貸借対照表

資産の部

現金 / 預金 / 売掛金 / 棚卸資産 / 受取手形 / 仮払金 / 立替金 / 有価証券 / 貸付金 / 前払費用 / 固定資産 / 建設仮勘定 / 倒産防止共済掛金 / 長期前払費用 / 繰延資産

負債の部

支払手形 / 買掛金 / 未払金 / 未払消費税等 / 前受金 / 預り金 / 借入金 / リース債務 / 賞与引当金 / 退職給付引当金

純資産の部

資本金

仕訳例 01 貸借対照表 資産の部

現金その1

　顧問先A社の社長は、銀行の預金口座から日常的な経費（交際費、交通費など）の支払いのため、現金30万円を引き出した。

⚠️ 要注意

現金 300,000 ／ 普通預金 300,000

　預金口座からの現金の引き出しをあらわす仕訳です。
　なにげない仕訳ではありますが、注意したい仕訳のひとつといえます。現金残高を意図せず増やすことにつながる仕訳だからです。

　社長が会社のキャッシュカードを持ち歩き、自由に現金を引き出しているケースがあります。これでは、会社のお金と社長個人のお金がゴッチャになり（財布を分けている社長はほぼいない）、会社の現金残高の把握は困難になるものです。
　そのうえで、社長が個人の支払い（≠経費）に現金を使えば、財布の中の現金は減るものの、帳簿の現金残高は減りません。その後、社長はまた財布の現金を補充するため、会社のキャッシュカードで現金引き出しを繰り返します。気がつけば帳簿の現金残高が相当に増えている……ということがあります。
　では、決算書や試算表を見たときに、現金残高が数十万円あるいは百万円単位だったとしたらどうでしょう。会社の業種・業態

にもよりますが、いまどきは現金商売も少なくなりましたから、それだけの現金を手元に置いているのは不自然です（通常は銀行に預け入れるはず）。銀行もまた、そのような見方をします。

　つまり、実際にはそれだけの現金は存在せず、別のことに使われているのではないかと、銀行は疑うわけです。別のこととは、前述の「社長個人の支払い」や、利益を水増しするため現金払いの経費の除外（仕訳しない）が考えられます。前者であれば社長の公私混同ですし、後者であれば粉飾決算です。いずれにしても、銀行にとって好ましいことではありません。

　実際に多額の現金が実在するのであれば、決算書や試算表を銀行に渡す際、その理由（決算日直前に現金売上があった、決算日直後の現金仕入に対応するためなど）を説明しましょう。

　また、銀行に余計な疑いを持たれないよう、現金はできるだけすみやかに銀行に預け入れて、決算書や試算表の現金残高を増やさないことをおすすめします。

　現金残高が多い状態が長くなると、銀行は資産価値がない（お金は何かしらに使われて、会社には戻ってこない）ものとみなして、資産を減額修正する点にも注意が必要です。結果として、純資産が減少する分だけ、銀行からの評価が下がります(21頁参照)。

仕訳例 02　貸借対照表 資産の部

現金その2

　顧問先A社は、家電量販店にてタブレット端末3万円を現金で購入した。

⚠ 要注意

消耗品費 30,000 ／ 現金 30,000

　借方の「消耗品費」は、ほかにも交際費や通信費など何かしらの費用科目であり、その現金払いをあらわす仕訳です。
　費用の現金払いは、直接的にも間接的にも、銀行融資に悪影響を及ぼすと肝に銘じましょう。

　直接的には、現金払い（即時払い）である分だけ、資金繰りが厳しくなります。
　代わりに、請求書をもって後日振込払いにしたり、クレジットカード決済にすることで、支払時期を遅らせることが可能です。1つひとつの支払額は小さくても「チリも積もれば」ですから、資金繰りの良し悪しに差が出るところになります。銀行は資金繰りが良い会社を好み、資金繰りが悪い会社を嫌いますから、現金払いはやめたほうがよいのはあきらかです。
　また、振込取引が増えれば、その銀行の振込手数料収入が増えます。利息にしても手数料にしても、銀行にとって収入増加は取引先支援の動機になるため、会社にとっては融資が受けやすくな

ります。

　さらに、振込取引がある銀行は、取引内容を口座から把握できるので、取引先の業績や資金繰りの検証がしやすく、より柔軟に融資を検討できるようになります。この意味でも、会社にとって融資が受けやすくなります。

　間接的な悪影響は、管理コストの発生です。
　現金で費用を払うとなれば、日ごろから現金を手元に置いておかねばなりません。すると、**仕訳例01**のとおり、現金が増加する危険性が高まります。加えて盗難（内部犯含む）の対策も必要であり、現金の管理コストが生じるわけです。
　また、社員の経費精算を現金で都度している場合、やはり現金を引き出して残高管理をする（現金出納帳をつける）コストが生じます。
　そこで、経費精算はひと月分をまとめて振込払いにしましょう。経理の手間を減らす（人的リソースを他に回す）ことで、会社の生産性が高まる（利益が増える）のであれば、銀行融資には好影響です。

貸借対照表 資産の部

現金その3

顧問先A社は、売上代金5万円を現金で受領した。

⚠️要注意

現金　　　50,000　／　売上高　50,000

👍イチ推し

現金　　　50,000　／　売上高　50,000
普通預金 50,000　／　現金　　50,000

　飲食店・小売店など、現金売上が多い会社ではとくに、上記の⚠️**要注意**仕訳が発生します。
　これによりレジの現金残高が増えて、それを社長が個人の財布に入れているようだと、前述の**仕訳例01**と同じことになりかねません。また、**仕訳例02**でもふれたとおり、現金管理コストが発生してしまいます。
　そこで、現金売上により増えた現金は、すぐに銀行に預け入れるのがおすすめです。それをあらわしているのが、👍**イチ推し**仕訳の2行目です。売上代金の回収1件ごとに預け入れたり、1日ごとの売上代金を合計して預け入れることで、通帳の記録から売上情報を把握できるようになるというメリットもあります。
　また、そのような方法で預け入れていることを銀行に伝えれば、

銀行も自行の口座から、取引先の売上情報を把握できるようになります。「そんなことは決算書や試算表を見ればわかるのでは？」と思うかもしれませんが、それらは粉飾可能でもあるため、銀行は裏付けを取りたいものなのです（利益は水増しできても、預金は水増しできない）。

　銀行にとって、預金の裏付けは安心材料です。加えて、現金を預け入れることで「預金残高が増える・預金残高が安定する」ことも、銀行にとっては安心材料になります。預金残高が高水準で安定するほど、資金繰りに余裕ができ、銀行が実行した融資の回収不能リスクが下がるからです。

　現金を現金のまま持っていると、本当に実在しているのかを常に疑われるため、銀行融資には活かせません。いっぽうで、同じ現金でも預金として預け入れることで、実在することの証明となり、銀行融資に活かすことができます。

　ベストは、そもそも現金取引をなくすことです。すべてなくすのはムリだとしても、減らせる現金取引がないかを検討しましょう。

　預金取引やクレジット決済であれば、それらのデータを会計ソフトに連携することで、仕訳の省力化をはかれます。これに対し、現金取引の場合には、連携できるデータなどないので、手作業・手入力が発生するというデメリットがあります。

貸借対照表 資産の部

預　　金

　顧問先Ａ社は、融資を受けている甲銀行の普通預金100万円を、同行の定期預金に預け替えた。

⚠ 要注意

定期預金 1,000,000 ／ 普通預金 1,000,000

　顧問先が定期預金をしている場合には、その預け先に注目しましょう。どの銀行に定期預金を預け入れているのか、ということです。もし、「すでに融資を受けている銀行」に預けていると、後に会社が解約をしたくてもそれができずに、不自由するかもしれません。

　融資をしている銀行にとって、融資先からの定期預金は担保のようなものです。融資先の返済が滞ったときなどには、融資残高と相殺できます。したがって、会社が解約しようとしても、あの手この手で解約を引き留めようとすることがあるのです。

　銀行から「いま解約すると、次の融資には悪影響です」などといわれたら、会社は解約しづらくなってしまうのは当然です。

　この点、社長個人の定期預金も同様です。会社と社長は一心同体。銀行にしてみれば社長個人の定期預金もまた、気軽に解約させるわけにはいきません。

　実際に解約できないのであれば、その定期預金は「死に金」（資金繰りに使えないお金）になってしまいます。そうはならないよ

うに、定期預金を預けるなら「融資を受けていない銀行」を選びましょう。

とはいえ、既に預けてしまってからでは遅いので、税理士としては日ごろから、この考え方を社長に伝えておくことが大切です。

なお、融資を受けてしばらくすると、その銀行から「(預金に余裕があるなら)定期預金をしませんか」とすすめられることもあります。うっかり応じることがないよう、あわせて社長に伝えておきましょう。

「そもそもはじめから定期預金などしなければよいのでは?」という意見もあるでしょう。原則としてはそのとおりなのですが、浪費癖のある社長(預金残高が増えると、ついついお金を使ってしまう社長)の会社は、話が別です。普通預金なら気軽に使えるお金も、定期預金では解約手続きを要するため、一定の歯止めがかかるものです。

社長の浪費癖にお悩みの場合は、定期預金を提案してみるのもよいかもしれません。

もちろん、その場合の定期預金の預け先は「融資を受けていない銀行」か「今後も融資を受ける予定がない銀行」のどちらかです。

売掛金その1

貸借対照表　資産の部

顧問先Ａ社は、売上先Ｂ社が音信不通となり、売掛金300万円が回収不能になった。

👍イチ推し

貸倒損失 3,000,000 ／ **売掛金** 3,000,000

　貸倒損失を計上する仕訳です。
　回収できない売掛金があるならば、貸倒損失を計上しなければいけないにもかかわらず、この仕訳をしていないケースがあります。貸倒損失を計上しなければ、資産と利益とを水増しできてしまいます。つまりは粉飾決算が目的です。

　この点、銀行は決算書に掲載されている売掛金の「中身」を注視しています。仮に決算書の売掛金の額が1,000万円であったとしても、その中身には回収できない売掛金が混じっているかもしれないからです。実際に混じっていれば、粉飾ということになります。
　銀行は、売掛金の勘定科目内訳明細書について、数期分の推移を見ています。そのため銀行は、粉飾決算を見抜きます（数期にわたり、1円単位で残高に変化がない売上先があれば貸倒損失を隠しているといった具合）。
　たとえば、1,000万円のうち300万円が回収できない売掛金だと

わかると、銀行は決算書の売掛金の額を700万円に修正します。同時に、貸倒損失分として300万円の損失を認識することになります。結果として、貸借対照表の純資産は300万円減少し、損益計算書の利益も300万円減少する……、これが銀行の見方です。

　粉飾による影響は、これだけではありません。銀行は決算書の粉飾分を修正したうえで、「そもそも、この決算書は信用できるのか？」という疑いを持つようになってしまいます。当然、融資が受けにくくなり、会社にとっては大きな痛手です。

　したがって、決算にあたっては、売掛金の中身を確認したうえで、回収できないものがあれば、きちんと「貸倒損失」を計上することが大切になります。このとき、損金（税金計算上の費用）の要件は満たさずとも、実際に回収可能性が低ければ、会計上は貸倒損失の計上を検討しましょう（別表加算して）。費用の前倒しは銀行にとって、利益に自信がある会社に映ります。

　にもかかわらず、税理士が「回収可能性の有無」を十分に確認できていないために、うっかり貸倒損失の計上を漏らしているケースがあるものです。
　たとえ「うっかり」（過失）であったとしても、銀行が「わざと」（故意）だと受け取ることはあります。この場合、弁明も言い訳にしか聞こえませんから、うっかり見落とさないよう気をつけるしかありません。

貸借対照表 資産の部

売掛金その2

顧問先A社は売掛金200万円について、ファクタリング会社C社とファクタリング契約（手数料率5％）を締結した。

⚠ 要注意

①未収入金	2,000,000	/	売掛金	2,000,000
②普通預金	1,900,000	/	未収入金	2,000,000
支払手数料※	100,000	/		
③普通預金	2,000,000	/	預り金	2,000,000
預り金	2,000,000	/	普通預金	2,000,000

※「売上債権売却損」でも同様

ファクタリング（買取型）の仕訳です。ファクタリングは、会社から見ると「売上債権の売却」にあたります。

①の仕訳は、ファクタリング契約締結時の仕訳であり、②の仕訳は、ファクタリング会社から入金があったときの仕訳です。③の仕訳は、売掛金が入金されて（預り金で経理処理）、それをファクタリング会社に支払ったときの仕訳になります。

このようなファクタリング取引が増加傾向にあります。最近では、銀行がファクタリング会社と提携していて、銀行が取引先にファクタリングを紹介するケースもあります。融資を断る際の代替案とすることで、取引先の不満を和らげる狙いもあるようです。

顧問先でも前掲の仕訳が必要になる可能性はあります。

　その際、注意すべきはファクタリングの「常用」です。
　ファクタリングは銀行融資に比べ、手続きが簡単であり、入金までが早いので、いちど利用するとその後も利用し続ける会社があります。
　ただし、ファクタリングの手数料は、銀行の融資利息に比べると格段に高く設定されています。以前に比べると下がってきてはいますが、仮にひと月1回で5％とした場合でも、年利換算では60％にも及びます。常用すれば、資金繰りに悪影響があるのは明らかです。
　そこで、ファクタリングの代わりに、銀行融資を受けることを検討しましょう。いちど売掛金分の融資が受けられれば、その後は資金繰りが安定します。そのときの金利は、現状で年利数％でしょうから、ファクタリングのような高年利にはなりえません。
　気がついたら顧問先が「お手軽だし、すぐにお金になるから」と、ファクタリングを安易に利用していたということのないよう、早めに、銀行融資に動きましょう。遅くなればなるほど、銀行融資は受けにくくなってしまいます。融資を断られ、やむをえずファクタリングとなれば、資金繰りはますます悪化をするばかりです。

仕訳例 07 貸借対照表 資産の部

売掛金その3

売上先Ｂ社から売上代金100万円が振り込まれた。

⚠️ 要注意

普通預金 1,000,000 ／ 売掛金 1,000,000

　売掛金が回収されたときの仕訳です。
　巷では、よく「売掛金は早く回収したほうがよい」などといわれます。売掛金が回収されるまでの期間が長くなれば、その分だけ資金繰りが厳しくなる、という理屈です。誤った理屈であり、机上の空論といえます。

　売上先に対して回収を早めれば、売上先の資金繰りが厳しくなり、売上先が支払サイトの長い会社に切り替える（客離れを誘発する）おそれがあります。売掛金の回収を急いだ結果、売上自体が減少してしまっては本末転倒です。
　ですから、「売掛金は早く回収したほうがよい」という単純な考え方や、その実行には十分な注意が必要です。
　もちろん、売掛金の回収が遅れたり、遅すぎたりするのも望ましくはありませんが、相応の回収期間であればよしとしましょう。

　代わりに、売掛金分の銀行融資を受けるのがよいでしょう。売掛金が増えた分だけ銀行融資を受けられれば、資金繰りが悪化す

るのを防ぐことができます。

　なお、「売掛金が増えると資金繰りが悪化することから、銀行の評価も悪化する」といった考え方にも注意が必要です。たしかにそういった一面もありますが、それがすべてではありません。売掛金の増加が、銀行からの評価をよくすることもあるということです。

　たとえば、売上を伸ばしている会社で、売掛金が増加している場合はどうでしょう。業績好調であり、利益（≒返済力）も高まっていると見れば、銀行からの評価も高まるというものです。

　事業の将来性や今後の業績は、銀行にアピールしましょう。

　事業や業績の伸びにともなう売掛金増加は、銀行にとって好ましいもの。売掛金が増えれば、**経常運転資金**（＝売上債権＋棚卸資産－仕入債務）も増えますから（23頁参照）、会社は融資が受けやすくなるものです。

貸借対照表 資産の部

棚卸資産その1

顧問先A社の当月末における在庫は、実地棚卸の結果250万円であった。なお、前月末における在庫は200万円である。

👍イチ推し

| 期首棚卸高 | 2,000,000 | / | 棚卸資産 | 2,000,000 |
| 棚卸資産 | 2,500,000 | / | 期末棚卸高 | 2,500,000 |

いわゆる「棚卸」の仕訳です。

1年にいちどの決算時（決算書の作成時）にはこの仕訳をしていても、毎月の決算時（試算表の作成時）にはしていない、という会社が少なくありません。在庫の額が大きな会社ほど、毎月の決算時にも、棚卸の仕訳を怠るべきではありません。

いうまでもなく、利益が不正確になってしまうからです。すると、試算表の利益から見て、決算書の利益が乖離してしまいます。これにより、銀行からは「試算表がアテにならない会社だ」と見られるようになります。期中に借入しようとしても、「決算書ができてから」と断られることが増えます。

なにより、社長自身も正しい業績把握ができなくなるのが問題です。「正確な業績も把握できずに、正しい経営判断ができるのだろうか」とも銀行は考えますから、やはり借入は難しくなるでしょう。

融資の面からも、毎月の棚卸の仕訳は重要なのです。

にもかかわらず、棚卸の仕訳を怠ってしまうのは、棚卸には多くの手間がかかるからでしょう。在庫がたくさんあればあるほど、実地で棚卸するのも一苦労ですから、「棚卸は年にいちどだけ」「半年にいちどだけ」などと考えたくなる気持ちもわかります。

　しかし、それでは正しい業績把握、正しい経営判断ができなくなることは前述のとおりです。

　そこで、帳簿棚卸による仕訳を検討しましょう。実地よりも精度は落ちますが、何の仕訳もしないよりはよいはずです。標準的な原価率（過去の実績）などから推算した、便宜的な棚卸額で仕訳をするのも、ひとつの方法です。

　たとえば、

・標準的な原価率　　30％
・ある月の売上高　　1,000万円

である場合、

・売上原価　　　　　1,000万円×30％＝300万円

と推算できます。

　その月の仕入が500万円だとすれば、500万円のうち200万円を増えた在庫として、棚卸の仕訳をするわけです。

　これを放置すると、その月の利益を大きく見誤ることになりかねません。

仕訳例 09 貸借対照表 資産の部

棚卸資産その2

　顧問先A社が棚卸をしたところ、陳腐化・劣化などにより、簿価よりも販売可能額が70万円少ないことが判明した。

👍イチ推し

棚卸資産評価損 700,000 ／ 棚卸資産 700,000

　在庫が陳腐化したり、劣化した場合の仕訳です。
　棚卸資産としての価値が減少したのであれば、その分、帳簿上の金額も減少させる（損失を計上する）のが、企業会計の考え方です。
　いっぽう税務会計では、損金算入が認められる評価損は限られている（一定の要件を満たす必要がある）ため、「損金算入できないのであれば評価損の仕訳はしない」とする判断もあるでしょう。

　ですが、銀行の見方は企業会計です。実態を数字に反映させることで、できるだけ正しい業績把握をしたいと考えます。
　したがって、銀行から見て「これはもう、通常の値段では売れないだろう」という在庫は、会社が評価損の仕訳をせずとも、銀行内部では評価損を織り込んで決算書を修正するものです。
　このとき銀行が考える評価損の額が大きいほど、粉飾決算の疑いが強まります。会社側に粉飾の意図があってもなくても、粉飾

しようとしたのではないかと疑われるわけです。当然、銀行融資には悪影響となります。

したがって、棚卸資産の評価損は、損金算入の可否にかかわらず、損失となる可能性が高いと見込まれるのであれば計上するのがおすすめです。

この👍**イチ推し**仕訳によるメリットは、粉飾の疑いを避けられることだけではありません。

この経理処理は、損金算入ができない場合には「わざわざ」評価損を計上することで、将来の損失を前倒しする行為といえます。それでも評価損を計上するのであれば、「この会社はよほど利益に自信があるのだろう」という銀行の見方につながり、業績好調というよいアピールになります。

さらに、きちんと評価損を把握できる、管理能力がある会社だ、という見方にもつながります。在庫管理が甘い会社が少なくないことを銀行は知っているので、やはりよいアピールになるのです。

別表加算の手間を嫌う税理士もいるようですが、「別表加算は業績好調の証し」と見ている銀行員もいると聞きます。手間を惜しむばかりに、銀行からの評価を下げることがないようにしたいものです。

なお、👍**イチ推し**仕訳の勘定科目「棚卸資産」は、「他勘定振替高」とするのがよりおすすめです（**仕訳例11**参照）。

仕訳例 10 貸借対照表 資産の部

棚卸資産その３

顧問先Ａ社は、簿価50万円分の在庫を廃棄した。

👍イチ推し

棚卸資産廃棄損 500,000 ／ 棚卸資産 500,000

在庫を廃棄したときの損失額（簿価）を計上するための仕訳です。

廃棄損自体はネガティブな要素ではありますが、廃棄の見極めができるという点で、「管理能力のアピール」につながります。**仕訳例09**（棚卸資産評価損）でもふれたとおり、在庫管理が甘い会社が少なくないからです。

なお、少しでも利益をよく見せようとして（粉飾決算）、廃棄損の計上を避ける会社があります。本来なら廃棄処理が妥当なのにもかかわらず、その処理を見送る（在庫は存在する）、あるいは、廃棄処理はしているものの廃棄損の計上を見送る（在庫は存在しない）という方法です。

いずれの方法であっても、銀行は粉飾決算に気がつく可能性があります。銀行は前期比較や同業他社比較によって、取引先の「在庫水準」を注視しているからです。在庫水準は、金額で比較することもあれば、比率で比較されることもあります。おもな比率は「棚卸資産回転期間」です。

棚卸資産回転期間（＝棚卸資産÷売上高）は、商品を仕入れて

から販売されるまでにどれだけの時間がかかるかをあらわす指標です。売上が増えないのに棚卸資産が増えれば（廃棄損を計上しない）、棚卸資産回転期間は正常時に比べて高くなり、粉飾決算が発覚します。

　とはいえ、粉飾決算などしていなくても、在庫が増えていたり、同業他社よりも在庫が多いことはあるでしょう。
　そのようなときには、「決算日まぎわに大きな仕入があった」「短納期や品揃えのよさを売りにしている」などのように、銀行に対する理由説明が大切です。
　銀行員に、現場・現物（倉庫・在庫）を見せることも効果的です。会社が廃棄損を隠していないことが伝わります。

　棚卸資産廃棄損は、特別損失として計上する点にも気をつけましょう。
　廃棄損が売上原価に含まれてしまうと、原価率が異常値となったり、売上総利益や営業利益、経常利益の過小評価につながります。これを避けるためには、税理士が顧問先に、廃棄の有無や廃棄の金額を確認することが必要です。

　なお、**イチ推し**仕訳の勘定科目「棚卸資産」は、「他勘定振替高」とするのがよりおすすめです（**仕訳例11**参照）。

仕訳例 11 貸借対照表 資産の部

棚卸資産その4

顧問先A社は、仕入れた商品のうち30万円分を、サンプルとして無料配布した。

👍イチ推し

見本品費 300,000 ／ 他勘定振替高 300,000

仕入れた商品（在庫）が、販売以外で減少したときの仕訳です。

借方には、見込み客などにサンプルとして商品を配る場合の「見本品費」（👍イチ推し仕訳。あるいは「広告宣伝費」なども）のほか、自社で事業活動に利用した場合には「消耗品費」、火災や盗難などにより消失した場合には「災害損失」といった勘定科目も挙げられます。

貸方の「他勘定振替高」は、損益計算書上、売上原価のマイナス項目です（掲載位置は期末棚卸高の上）。

たとえば、

・期首棚卸高	300
・当期仕入高	1,500
・見本品費（他勘定振替高）	100
・期末棚卸高	200

の場合、売上原価は「300 + 1,500 − 100 − 200 = 1,500」となります。

そのうえで、販売管理費に「見本品費」として計上される金額は100です。

いっぽう、他勘定振替高の仕訳をしない場合、売上原価は「300＋1,500－200＝1,600」となります。最終利益に違いはありませんが、売上原価や売上総利益には違いが生じることに注意が必要です。

さきほどの例では、

> ・他勘定振替高の仕訳をする　　　売上原価1,500
> ・他勘定振替高の仕訳をしない　　売上原価1,600

ですから、仕訳をしない場合のほうが原価率は高く見えることになります。これを、銀行から「利益率が低い」と見られるのでは損というものです。

実際にはサンプルを配っているだけであり、販売にともなう利益率が低いわけではありません。より事業の実態を正しくあらわすためにも、他勘定振替高の仕訳をするのが望ましいといえます。

とはいえ税理士が、見本品費や消耗品費などにあたる金額を把握していないと、他勘定振替高の仕訳はできません（売上原価が増えてしまう）。したがって、販売以外で減少した棚卸資産の金額を、顧問先からヒアリングすることが大切です。

なお、他勘定振替高の仕訳に替えて、貸方を「当期仕入高」とする仕訳もあります。これなら売上原価が増えずにすみますが、仕入総額がわからなくなるうえに、見本品費などの金額を売上原価から把握することもできなくなるという問題があります。

仕訳例 **12**

貸借対照表 資産の部

棚卸資産その5

顧問先A社は、外注先B社にデザイン制作代（売上原価に該当）150万円を支払った。

⚠️要注意

仕掛品 1,500,000 ／ 普通預金 1,500,000

👍イチ推し

外注費 1,500,000 ／ 普通預金 1,500,000

製造業やサービス業の会社などで、資産・利益の水増しを目的に利用されることがあるのが、⚠️要注意仕訳です。

もっとも、売上先への納品やサービス提供（売上の実現）が完了していないために、先行して発生する外注費などの費用の計上を繰り延べるのであれば問題はありません。

ところが、売上先への納品やサービス提供は完了していて、本来は「外注費」や「給与」などとすべきところを「仕掛品」とするのであれば、粉飾決算です。事実に反して決算書上の仕掛品が増えれば、その分だけ費用が減り、利益率が上がります。

その利益率が、前期以前との比較から異常値となることで、銀行も気がつくものです。棚卸資産の水増しは、粉飾決算の王道でもあるため、銀行は常に棚卸資産の動向を注視していると肝に銘じましょう。安易な粉飾は、銀行の信用を失うばかりです。

さらに、この粉飾によって、社長が実態を正確に把握できなくなるという問題があります。棚卸資産を水増ししたときには決算書の利益は増えますが、翌期以降に水増しを解消したときには反動で利益が減ってしまうからです。

　なおかつ、決算書が不正確であるために、社長が経営判断を誤るようでは、会社の状況はますます悪くなってしまいます。悪循環です。そこでさらに粉飾決算を重ねれば、銀行からの支援は絶望的となり（何度も粉飾決算を見逃すほど銀行は甘くない）、会社の命運も尽きてしまうでしょう。

　以上に対して、事実にもとづく経理処理が **イチ推し**仕訳です。

　ただし、外注費として費用計上されていれば安心、というものでもありません。本当は決算日時点では仕掛品とすべきところ（対応する売上が未実現）、費用計上されたままであれば、費用過大で税金計算を間違えてしまいます。

　「サービス業など非製造業には仕掛品がない」との勘違いには気をつけましょう。税理士は決算時に、顧問先へ仕掛品の有無を確認することが大切です。そのうえで、銀行から粉飾を疑われぬよう、仕掛品の明細を提示するのもおすすめです。

仕訳例 13 　貸借対照表　資産の部

受取手形

顧問先A社は、売上先B社から売上代金として約束手形200万円を受け取った。

⚠️ 要注意

受取手形 2,000,000 ／ 売上高 2,000,000

👍 イチ推し

売掛金　 2,000,000 ／ 売上高 2,000,000

　売上代金について約束手形を受け取ったときの経理処理が、⚠️**要注意**仕訳です。

　一般に、売掛金の入金サイトに対して、受取手形の入金サイトは長くなりがちであり、受取手形取引を容認している会社では資金繰りが悪くなる傾向にあります。

　そもそも受取手形には、不渡り手形のリスク、管理コストの発生、手形割引料の負担、盗難・紛失のリスクなどのデメリットがあります。

　ゆえに、受取手形から売掛金に切り替えたいところですが、相手（取引先）もあることなので、一筋縄ではいきません。

　この点、政府が2026年を目標に進めている「手形の廃止」を、取引先との交渉のきっかけにするのがよいでしょう。具体的には、

「遠からず手形決済が廃止されることを想定して、振込決済（売掛金取引）への変更をお願いします」などと伝えます。

　手形が廃止になれば、でんさい（電子記録債権）に移行するか、売掛金取引に移行するかです。このうち、でんさいについては手形からの切替コストや、取引先がでんさいを利用しないなどの理由から、中小企業では十分に普及しているとはいえない状況にあります。

　結果として、売掛金取引への切替えを検討するのであれば、あわせて、入金サイトの短縮についても交渉したいものです。取引先との力関係にもよりますが、「財務方針の見直し、財務基盤強化の目的」などを理由に、強気に交渉する（売掛金取引への変更を決定事項とする）のもひとつの方法となります。この機会を逃せば、入金サイトの短縮は困難になるからです。

　なお、今後は、手形取引から売掛金取引に移行する会社が増えることにともない、ファクタリングの利用も増えることが予想されます。したがって、顧問先が受取手形から売掛金への切替え後（**👍イチ推し**仕訳の状態）は、ファクタリング利用の有無にも気をつけましょう（**仕訳例06**を参照）。

　せっかく売掛金取引への切替えに成功しても、ファクタリングによって資金繰りが悪化しているようでは本末転倒です。

仕訳例 14 貸借対照表 資産の部

仮 払 金

　顧問先Ａ社は、社長や社員に、今月分の仮払いとして総額50万円を支給した。

⚠️要注意

仮払金　　　　500,000 ／ 現金　　　　500,000

👍イチ推し

役員報酬　　1,000,000 ／ 普通預金　4,350,000
給与　　　　3,000,000
交際費　　　　200,000
旅費交通費　　150,000

　支出した金額のうち、まだ使途が確定していないときの経理処理が、⚠️要注意仕訳です。このまま決算日を迎えて、「仮払金」が掲載されている決算書は好ましくありません。仮払金とは、文字どおり「仮」のものに過ぎず、1年にいちどの本決算に仮のものが含まれていることは、経理の不透明さや、経理の機能不全をイメージさせます。銀行によい印象を与えません。
　まず、仮払金の金額が大きいほど、銀行は粉飾決算を疑うようになります。利益の水増しを目的に、本当は費用にすべき支出を、仮払金として経理処理する会社があるからです。実際には「単な

る精算待ちの支出」にもかかわらず、銀行から粉飾決算を疑われては、損というものです。

　なお、仮払金の金額が小さければよいかといえば、そうでもありません。ほかにも粉飾があるかもしれないと疑われるきっかけにもなるのが、仮払金です。

　以上をふまえて、そもそも仮払金が発生しない経理の流れをつくりましょう。社長や社員に対して、仮払いはしないということです。

　代わりに、1か月分の経費（旅費交通費や交際費など）は各自に立て替えてもらい、役員報酬や給与の支払いとあわせて精算します（👍イチ推し仕訳）。

　この経理処理であれば、仮払金が決算書に掲載されることはなく、なにより仮払金の残高管理（場合によっては現金管理も）という手間から解放されるのがメリットです。経費精算アプリと会計ソフトとの連携や、法人クレジットカードを導入するなど、さらに手間を減らす方法もあるでしょう。

　手間が減れば、時間が増えます。時間が増えれば、その分、別の生産的なことに時間を使えるようになります。結果として、会社の利益が増えるのであれば、銀行からの評価も上がり、銀行融資の受けやすさにつながります。

　経理処理にあたっては、仮払金という勘定科目は使わない、というルールを取り入れることをおすすめします。

仕訳例 15 　貸借対照表 資産の部

立替金

　顧問先Ａ社は、売上先Ｂ社が負担すべき出張旅費30万円を立替払いした。

⚠ 要注意

立替金 300,000 ／ 普通預金 300,000

　取引先や社員などが負担すべきお金を、会社が立替払いするときの経理処理です。

　世の中には、本来費用として計上すべき支出を立替金として資産計上することで、利益の水増しをはかる会社があるため、銀行は警戒しています。

　立替金のほかにも、前渡金や未収入金、仮払金（**仕訳例14**）、貸付金（**仕訳例17**）、前払費用（**仕訳例18**）などの勘定科目（まとめて「雑勘定」と呼ばれる）もまた、粉飾決算に利用されることが多く、銀行は注視します。雑勘定の金額が大きくなるほど、粉飾決算を疑われやすくなるのです。「資産の勘定科目の数は、粉飾有無のバロメータ」（資産の勘定科目が多いほど、粉飾決算の可能性が高い）と考える銀行員もいるほどです。

　利益の水増し以外にも、関連会社との不適切な取引や、社長個人との私的な取引などを隠すために、雑勘定を用いた経理処理をしているケースがあります。銀行はこれらも警戒して、やはり金額が大きい雑勘定を注視します。

そのうえで銀行が、雑勘定に「資産的な価値なし」（現金化できない）と判断すれば、金額ゼロとして決算書を修正することになります。

　たとえば、決算書にはすべての雑勘定あわせて300万円が記載されていた場合、それらをないものとして考え、決算書の純資産の額が200万円であれば100万円の債務超過に修正されるということです（200万円－300万円＝▲100万円）。当然、融資は受けにくくなります。

　したがって、粉飾決算をしないのは当然のこととして、雑勘定があるのなら、その内訳を明示することが重要です。資産的な価値がある（現金化できる）のであれば、それがわかる内容で、勘定科目内訳明細書に記載しましょう。

　面倒だからと記載を省略したり、記載内容が不十分というケースが散見されますが、それを見た銀行からは粉飾決算や不適切取引を疑われるきっかけになるので、気をつけましょう。

仕訳例 16 貸借対照表 資産の部

有価証券

　顧問先A社は、取引先との関係強化を目的に、取引先の株式100万円を取得した。

⚠ 要注意

有価証券　　　1,000,000 ／ 普通預金 1,000,000

👍 イチ推し

投資有価証券 1,000,000 ／ 普通預金 1,000,000

　株式や投資信託、債券などを購入したとき、流動資産の「有価証券」として経理処理する会社があります（⚠要注意仕訳）。銀行からこれを「売買目的」の有価証券取引と見られるのは、好ましくありません。
　売買目的とはつまり、有価証券の売買を繰り返して利益を求めることです。会社とはそもそも事業で利益をあげるべきであり（有価証券の売買を事業としている場合は例外として）、有価証券投資（≒投機）で利益をあげようとする社長を、銀行は嫌います。
　また、銀行が会社に融資をするのは事業のためであり、投資のためではありません。
　にもかかわらず、実行した融資が有価証券投資にあてられているのであれば問題です。投資に失敗して融資先が損失を被り、返

済されなくなる事態を、銀行は恐れます。ですから、売買目的の有価証券が決算書に記載されれば、銀行融資にはよくない影響を与えるものと考えましょう。

　ただし、取引先との関係強化を目的に、取引先の株式を購入することに問題はありません。この場合の株式購入は、事業の一環として見られるからです。

　この場合、銀行から「売買目的の有価証券」と勘違いされないように、「投資有価証券」や「関連会社株式」などの勘定科目にて、固定資産として計上するのがよいでしょう（👍イチ推し仕訳）。

　なお、資産防衛（≒円安・インフレ対策など）のための投資信託や、満期保有目的の債券なども、固定資産として「投資有価証券」の勘定科目で計上します。

　加えて、固定資産に計上する有価証券が、関係会社（親会社や子会社）への出資金です（勘定科目は、「親会社株式」や「子会社株式」）。この場合、銀行は出資金の「価値」が減少していないかを気にします。関係会社の決算書を提示して、その業績には問題がないこと（出資金の価値は保たれていること）を説明できるように準備しておきましょう。

仕訳例 17 貸借対照表 資産の部

貸付金

顧問先A社は、社長に300万円を貸し付けた。

⚠要注意

貸付金　　　　　　　3,000,000 ／ 普通預金 3,000,000

👍イチ推し

１年以内回収長期貸付金 1,200,000 ／ 普通預金 1,000,000
長期貸付金　　　　　　1,800,000 ／

　中小企業でときおり見られるのが、会社から社長個人への貸付けです（⚠要注意仕訳）。
　その結果として「貸付金」と記載された決算書に、銀行はよい印象を持ちません。会社が貸付金を回収できないのではないか、との懸念を抱くからです。
　そもそも、銀行が会社に融資をするのは「事業のための資金」です。融資が貸付金として社長個人に流れているとしたら、間接的であれ、銀行は社長個人に融資をしたことになってしまいます。しかも、社長がごくごく個人的なことにお金を使っているのだとしたら、さらには会社が回収できないのだとしたら、銀行も見過ごすわけにはいきません。
　ゆえに、社長個人への貸付金があると、銀行からの融資は受け

にくくなります。貸付金の金額が大きくなればとくに(純資産よりも大きいときや、債務超過のときなどは典型例)、金額が増え続けていればなおさらです。

それでもなお、やむをえず貸付けが必要だというのであれば、社長の「返済に対する意思表示」を経理処理で明らかにしましょう(👍**イチ推し**仕訳)。

まずは、返済計画をつくることからです。そのうえで、1年以内に返済予定の金額は、流動資産に「1年以内回収長期貸付金(あるいは短期貸付金)」として計上します(👍**イチ推し**仕訳は月10万円・年120万円返済の例)。残りの金額(1年を超えて返済する分)は、固定資産に「長期貸付金」として計上します。

「貸付金」などとして全額を固定資産に計上すると、銀行は「返済するつもりがないのでは?」と感じるものです。融資も受けにくくなってしまいますから、仕訳の段階で気をつけましょう。

また、計画どおりに返済が実行されていることも重要です。たとえ決算書に「1年以内回収長期貸付金」の記載があっても、実際に回収されるかはまた別の話だといえます。

そこで、確実かつわかりやすい方法として、社長の役員報酬から毎月天引きするのがおすすめです。銀行に対しては、証拠資料として給与明細を提示するとよいでしょう。

あわせて、返済計画書、金銭消費貸借契約書も提示することで、銀行の心証を改善することが期待できます。

とはいえ、そもそも社長個人への貸付けなどないのが一番です。

資産の部 59

仕訳例 18 貸借対照表 資産の部

前払費用

顧問先Ａ社は、生命保険の年払保険料120万円を支払った。

⚠要注意

保険料　　1,200,000 ／ 普通預金　1,200,000

👍イチ推し

①前払費用　1,200,000 ／ 普通預金　1,200,000
②保険料　　　100,000 ／ 前払費用　　100,000

　生命保険や損害保険の保険料を年払いしたときに、⚠要注意仕訳のように経理処理する会社があります。

　このときの金額が大きいと、支出をした月だけ、費用が極端に大きくなり、その分だけ利益が少なくなってしまいます。毎月払いであればそうはなりませんが、年払いの支出をいちどに費用処理すると、月次決算の結果が歪むかたちとなります。

　銀行は、決算書（1年にいちど）の黒字を評価しますが、試算表（ひと月にいちど）の黒字もまた評価します。言い換えると、試算表は毎月黒字のほうがよいのです。決算書の黒字額は同じであっても、黒字の月と赤字の月が混在しているより、1年を通じて毎月黒字のほうを銀行は好みます。会社が月次決算での黒字にこだわるのは、意味のある大切なことなのです。

そこで、保険料を年払いしたときには、前払費用として経理処理しましょう（👍**イチ推し**仕訳①）。そのうえで毎月、「年払いの金額÷12か月」の金額（上記例であれば10万円）を、前払費用から保険料に振り替えます（②）。この経理処理であれば、毎月の費用が一定になり、毎月の利益をならすことができます。月次決算の結果に歪みは生じません。

　保険料のほかにも、諸会費や保守料など、年払いであれば考え方は同じです。
　この点、月次損益推移表（毎月の損益が横並びになっている帳票）を用意して、販売費及び一般管理費の金額が毎月どのように推移しているかを確認してみましょう。その金額が飛び抜けて大きい月があれば、前払費用として経理処理することを検討します。
　対銀行を考えると、販売費及び一般管理費の金額は毎月一定が望ましく、そのほうが社長にとっても正しい業績把握（歪みのない月次決算）に役立つ数字となるはずです。
　筆者の経験上、経理処理の手間を惜しんで、あるいは経理処理の必要性に気づかずに、赤字となっている試算表が散見されます。顧問先がそのような試算表を銀行に提出してからでは遅いので、税理士は月次決算の段階であらかじめ確認しておきましょう。

❶ 投資有価証券に含み益が生じている場合

　投資有価証券（**仕訳例16**）について、含み益が生じているときには、決算書や試算表とあわせて「含み益の事実・含み益の金額がわかる資料」を銀行に提出するのがおすすめです。

　具体的には、投資有価証券の内訳、時価と簿価の差額などを一覧にした書類と、その証拠としての証券会社が発行する報告書（保有銘柄や時価が記載されているもの）や、各有価証券の時価が掲載されているWEBサイトを印刷したものなどです。

　これにより、銀行が含み益を織り込み、決算書や試算表の金額を修正して見てくれる可能性があります。投資有価証券の含み益分だけ純資産が増えることから、評価は高まります。銀行は融資審査にあたり、純資産の大きさに注目しているものです。

　純資産がマイナスになれば、債務超過です。「資産＜負債」の状態であり、すべての資産を現金化しても負債を完済できない状態にあります。理屈としては、これ以上1円たりとも貸せないのが債務超過です。そのため、純資産はプラスが大前提であり、プラスは大きければ大きいほどよいといえます。

　ですから、少しでも純資産を大きく評価してもらえるよう、会社側が手間をかけることには、相応の意味があるのです。かけるべき手間を惜しむべきではありません。

❷ 保険積立金に含み益が生じている場合

　生命保険や損害保険の保険料のうち、貯蓄性がある（≒解約返戻金、満期返戻金、死亡保険金を受け取ることができる）部分の保険料を資産計上するときの勘定科目が「保険積立金」です。

　社長の退職金準備として、そのような保険に加入している会社は少なくありません。

　解約返戻金があり、かつ、その金額が保険積立金の簿価を上回る場合、つまり含み益が生じている場合には、保険証券や解約返戻金証明書といった参考資料を銀行に提示することをおすすめします。銀行が含み益を把握できるので、資産（保険積立金）の増額修正が可能になり、純資産の評価も上がるからです。

　いっぽうで、こちらが何も提示しなければ、銀行は含み益を把握できず、相対的には評価が下がってしまうのは損だといえるでしょう。

　また、参考資料を銀行に提示することで、粉飾決算の疑いを回避しやすくなるというメリットもあります。

　資産や利益を水増ししようと考える会社が、保険積立金の水増しをはかるケースがあります。費用の支払いを保険積立金としたり、社長による私的な支払い（役員貸付金あるいは役員賞与）を保険積立金としたりするケースです。実際にそのような実例があるので、銀行は保険積立金が実在するかを疑うこともあるのです。

　また、すでに保険は解約して返戻金を受け取り済みであるにもかかわらず、その経理処理を簿外として、まだ保険積立金があるかのように見せかける会社もあります。やはり銀行が粉飾決算を疑うところです。保険積立金が実在することを示すためにも、参考資料を銀行に提示するとよいでしょう。

仕訳例 19 　貸借対照表 資産の部

固定資産その1

顧問先Ａ社は、使用不能になった印刷用機械（簿価50万円）を廃棄処分した。

👍イチ推し

固定資産除却損 500,000 ／ 機械装置 500,000

　事業で使われなくなった機械装置（固定資産）を、廃棄処分したときの仕訳です。

　お金の支出をともなわない取引でもあり、顧問先が廃棄処分をしたことに税理士が気づかないケースもあるでしょう。筆者にも実際に、製造業の会社が融資を受けようとした際、固定資産台帳を見た銀行から「この機械はまだ使われているのですか？」と指摘を受けて、除却損の計上漏れに気がついた事例があります。

　もちろん、金額が少額であれば（完全に、あるいはほとんど減価償却がおわっていれば）、決算書に与える影響はわずかです。

　本質的な問題は「資産管理の杜撰さ」にあります。「固定資産もまともに管理ができないような会社が、棚卸資産の管理をできるのだろうか？（棚卸資産の金額は不正確かもしれない）」と考えるのが銀行です。当然、融資が受けにくくなってしまいます。

　税理士は決算時、除却の有無を顧問先に確認するのを忘れないようにしましょう。

ところで、固定資産除却損の仕訳にあたり、その金額が大きいときには注意を要します。

　銀行は、「固定資産除却損＝設備投資の失敗度」という見方をします。すなわち、固定資産除却損の金額が大きいほど、銀行は社長の資質（経営判断の能力）に疑いの目を向けるということです。

　固定資産除却損は、算式であらわせば、

> 固定資産除却損＝固定資産の購入金額－減価償却累計額

となります。すなわち、固定資産除却損とは、投資額（固定資産の購入金額）のうち、最終的には回収できなかった金額であり、投資の失敗度を示しているという見方です。

　その固定資産除却損が大きな額であれば、銀行が「次の設備投資は大丈夫だろうか？」と不安になるのも当然です。

　そのため、投資が失敗した原因と今後の対策について、銀行に説明することが大切だといえます。

　これを怠り、銀行を不安のままにしておけば、次に設備投資をするときに設備資金の融資を受けにくくなるでしょう。

　仕訳が済んだらおしまい、ではいけません。

仕訳例 20 貸借対照表 資産の部

固定資産その2

顧問先Ａ社は、社長車を1,000万円で購入した。

⚠ 要注意

車両運搬具 10,000,000 ／ **普通預金** 10,000,000

本項は、仕訳そのものに関する問題ではありませんが、銀行にとっては好ましくない取引の例です。

上記は、会社が事業で使用する車を購入したときの仕訳です。

一見すると、なんてことはない仕訳ではあるものの、「車両運搬具」の内容しだいでは、銀行が問題視することがあります。

具体的には、会社の状況から見て、分不相応に高額な社長車を購入しているケースです。もし年間売上高が数千万円の会社が、1,000万円の社長車を購入したらどうでしょう。極端な例ではありますが、実例です。

分不相応かどうかに明確な基準はありませんが、銀行が問題視する気持ちはわかるはずです。「社長の個人的な趣味嗜好であり、公私混同では？」と見られても仕方がありません。銀行がそう感じたら、白が黒にもなるのです。

会社の状況が変われば（事業規模が大きくなり、多額の利益も出ていれば）、同じ1,000万円でも相応となるかもしれません。

節税効果のハナシもあってか、高級車に興味を抱く社長は少な

くないので、気をつけましょう。税理士が社長とふだんからコミュニケーションをとっていれば、事前に社長の趣味嗜好や、社長車に対する考え方もわかるはずです。

　なお、新型コロナ禍を経て、社長車の購入が「資金使途違反」に該当するケースを見聞きしています。コロナ禍の当時に、いわゆるゼロゼロ融資などを受けたものの、それほど業績が悪化することもなく、借りたお金は使わずに残っているので、社長車を購入してしまうケースがあったわけです。

　ゼロゼロ融資は運転資金（設備投資以外に使うお金）として融資されたものであり、それを社長車の購入（設備投資）にあてれば資金使途違反と見られることもあります。純資産を超える額の設備投資をするような場合はとくにです。お金に色はないとはいえ、借りたお金を設備投資に使ったと見るのが妥当でしょう。

　これは社長車の購入に限りません。ゼロゼロ融資で余ったお金で、株式や投資信託を購入して問題になる会社が少なくないと、銀行員から聞いています。

　購入した直後は銀行にバレずとも、次の決算書を提出したときには発覚します。決算を迎えるまでに現金化（売却）して解消することも検討しましょう。

仕訳例 21 貸借対照表 資産の部

固定資産その3

　顧問先A社は、新店舗として土地を2,000万円で購入し、建物を2,000万円で建築した。

⚠要注意

建物 20,000,000 ／ 普通預金 40,000,000
土地 20,000,000 ／

　会社が事業で利用する建物（事務所、店舗、工場、倉庫など）を購入したときの仕訳です。
　これまた一見すると、仕訳そのものに問題はないものの、やはり銀行が問題視することがあります。
　不動産はいちど購入したら、簡単には処分できません。たとえば、新店舗として建物を購入したけれど、業績が振るわないので閉店する、あるいは移転するというのも、けっこう難儀です。
　結果として処分の決断が遅れ、ズルズルと赤字を垂れ流してしまう……という例を、銀行はいくつも目にしています。
　そのため、建物でも土地でも、不動産を購入するときには設備投資計画（将来の利益で投資額を回収できるという計画）を立て、銀行にも提示・説明することが大切です。
　購入の原資が借入であれば、借入先の銀行からは計画を求められるでしょうが、他の取引銀行（融資を受けている銀行）にも、計画の提示・説明をするということです。計画が妥当なものであ

れば、銀行はその後の取引にも安心できます。たとえ自己資金での購入であったとしても、計画の提示・説明は大切なのです。

　もっといえば、本当に不動産を購入する必要があるのか、そもそもの検討がきわめて重要です。
　次のような事例があります。とある飲食店が、新店舗として不動産を購入しました。大通りに面した物件がよかったのですが、予算の兼ね合いから、路地裏の物件で妥協しました。その後、新型コロナウイルスや円安などの影響で、大通りには閉店が増えて、空き物件が目立つようになりました。すると、同じ路地裏の他店が、大通りに移転したのです。聞けば、賃貸であり、賃料相場が下がったいまなら大通りでも割に合う、と移転を決断できたといいます。
　つまり、不動産の購入とは、経営の選択肢を狭める行為でもあるということです。この事例で、路地裏の物件を購入した飲食店は、移転という選択肢が取りづらく、その後も業績改善に苦労を重ねることになります。
　不動産を所有したがる社長は少なくありません。税理士は、非所有（賃貸）の柔軟性についてもアドバイスできるとよいでしょう。

貸借対照表 資産の部

固定資産その4

顧問先A社は、圧縮記帳の対象になるプレス加工機を取得したため、圧縮損500万円を計上した。

⚠要注意

固定資産圧縮損 5,000,000 ／ 機械装置 5,000,000

👍イチ推し

①繰越利益剰余金 5,000,000 ／ 圧縮積立金 5,000,000
②圧縮積立金 1,000,000 ／ 繰越利益剰余金 1,000,000

機械装置などの固定資産を購入するにあたり補助金を受け取ったときには、「圧縮記帳」という手段があります。圧縮記帳をしない場合（補助金を収入計上し、通常の減価償却費を計上する場合）に比べて、補助金を受け取った期の利益を抑えることができ、すなわち節税が可能になります。

このとき、圧縮損を固定資産から直接減額する経理処理（⚠要注意仕訳）によると、圧縮損の分だけ当期の利益が少なくなり、場合によっては、赤字になることもあります。すると、銀行からの評価が悪くなります。節税はできても、同時に融資が受けにくくなってしまうということです。

いっぽう、積立金方式による経理処理であれば、それを避けることができます。

まず、固定資産圧縮損を計上する代わりに、繰越利益剰余金を減らして、圧縮積立金を計上します（**イチ推し**仕訳①）。そのうえで減価償却費の計上に応じて、積立金を取り崩します（②）。この流れであれば、圧縮記帳をはじめる期に、決算書の利益が急減することはありません。

ところが、積立金方式による場合、別表での調整（積立金計上時には減算、積立金取崩し時には加算）が必要になるため、税理士にとっては手間がかかることから、実務では避けられる傾向にあるようです。

あるいは、そもそも税理士が銀行融資の視点を持ち合わせていないがために、何の疑問も検討もなく、圧縮損を計上しているケースもあります。

これは税務としては問題のない、正しい処理ですが、こと銀行融資においては、顧問先に損をさせている（融資を受けにくくしている）可能性を否定できません。

税理士は銀行融資の視点もあわせて仕訳を検討することが望ましく、仕訳や別表調整の手間を惜しまないほうがよいものと、筆者は考えます。

建設仮勘定

顧問先Ａ社は、倉庫を建設するための費用の一部として300万円を、建設業者Ｃ社へ支払った。

⚠️ 要注意

建設仮勘定 3,000,000 ／ 普通預金 3,000,000

　建物の建設や機械の製作について、完成前にかかる費用を支出したときの経理処理です。

　「建設仮勘定」という勘定科目は、粉飾決算でもよく使われるため、銀行は警戒しています。

　実際、世間の粉飾事例（官公庁による公表や、メディアによる報道の類）を見ていると、外注費など費用計上すべき支出を建設仮勘定としていたり、事業に使っているにもかかわらず固定資産に振り替えず（減価償却費を計上せず）に建設仮勘定としていたり、といった事例が少なくありません。

　同様に、本来費用計上すべき支出を、ソフトウェア仮勘定や仕掛品、未成工事支出金などとしているケースもあります。

　税理士としては、顧問先の経理を確認する際、これらの勘定科目には気をつけましょう。これは決して、顧問先の粉飾決算を疑いましょうということばかりではなく、顧問先が意図せず誤って仕訳をしていることもありうるので、注意を要するということです。

なお、仕訳が正しければOKではありません。建設仮勘定など、銀行が警戒する勘定科目があれば、決算時にはその内訳を「勘定科目内訳明細書」（以下「内訳書」）に記載しましょう。

　銀行は税務署に負けず劣らず、内訳書を熱心に見ているものです。内訳書に記載があれば、銀行は建設仮勘定の検証がしやすくなります。これにより、粉飾決算への疑いをやわらげることができます。

　建設仮勘定であれば、「仮払金（前渡金）の内訳書」に記載するのがよいでしょう。支払いの相手先・所在地・金額は当然として、「摘要」欄には支出の内容を記載することが大切です。

　以上のように、銀行に提供する情報が多くなればなるほど、決算書の透明度が上がり、銀行からの評価によい影響があるものと考えます。逆に、銀行に対して、できるだけ情報を隠そうとする考え方には気をつけたいものです。

仕訳例 24

貸借対照表 資産の部

倒産防止共済掛金

顧問先Ａ社は、倒産防止共済（経営セーフティ共済）の掛金10万円を支払った。

⚠️ 要注意

保険料　　　　　　　100,000 ／ 普通預金 100,000

👍 イチ推し

倒産防止共済掛金 100,000 ／ 普通預金 100,000

取引先事業者が倒産した際、自社が連鎖倒産や経営難に陥ることを防ぐための制度として、倒産防止共済（経営セーフティ共済）があります。制度に加入し、掛金を支払ったときの経理処理で見られるのが、⚠️ 要注意仕訳です。

掛金は損金（税務上の経費）であるため、税務的には正しい仕訳ではあるものの、銀行融資の視点で見たときにはベストではありません。👍 イチ推し仕訳のように処理しましょう。

なお、「倒産防止共済掛金」は資産の勘定科目であり、貸借対照表では「投資その他の資産」の区分に記載します。勘定科目名は一般的に馴染みのある「保険積立金」がよいのではと思うかもしれませんが、あえて「倒産防止共済掛金」とすることで、銀行

もひと目で内容がわかるようになります。

コロナ禍を経て、(据え置き期間がおわったことによる)借入返済の負担や、円安や物価高騰にともなう負担から、倒産企業の数が増加傾向にあります。銀行は、融資先の倒産ばかりではなく、融資先の取引先が倒産することによる連鎖倒産にも警戒しています。連鎖倒産に対する備えとして、倒産防止共済に加入していることがわかれば、銀行も安心するというものです。

前置きが長くなりましたが、掛金を費用処理(保険料で仕訳)せずに資産計上(倒産防止共済掛金で仕訳)するのは、銀行融資の観点から、決算書の評価がよくなるためです。いうまでもありませんが、資産計上することで利益が増え、利益剰余金も増えることになります。銀行は、利益と純資産の大きさを評価することから、資産計上がおすすめです。

ただし、掛金は損金であり、税金計算上で費用にするためには、別表で減算しなければいけません(加えて、「特定の基金に対する負担金等の損金算入に関する明細書」と「適用額明細書」の記載が必要)。これを忘れてしまうリスクも嫌って(別表をつくる手間も嫌って)、掛金を費用処理する税理士もいるようです。税理士の都合で、顧問先に銀行融資で損をさせてはいけません。

貸借対照表 資産の部

長期前払費用

顧問先A社は、銀行融資を受けるにあたり、信用保証協会の信用保証料50万円（5年分）を支払った。

⚠️ 要注意

前払費用　　500,000 ／ 普通預金 500,000

👍 イチ推し

前払費用　　　100,000 ／ 普通預金 500,000
長期前払費用　400,000 ／

そもそも「前払費用」とは、サービスの提供を継続的に受ける契約について、決算日時点ではまだ提供を受けていないサービスに対する支払いをいいます。

いっぽう「長期前払費用」とは、前払費用のうち「翌期首から1年」を超えてサービス提供を受ける部分をいいます。

この区分をせずに、前払い分の支払いをすべて前払費用とする経理処理には、注意が必要です（⚠️ **要注意**仕訳）。

前払費用は「流動資産」の勘定科目であり、「投資その他の資産」の勘定科目である長期前払費用が含まれてしまうと、流動資産の金額が実態よりも過大になります。結果として、**流動比率**（＝流動資産÷流動負債）といった財務指標もまた、過大評価されるの

であれば問題です。少しでも決算書の評価をよく見せようと、前払い分の支出をすべて前払費用としているケースがあります。

あるいは、長期前払費用に区分する発想もないために、やはりすべてを前払費用としているケースもあるでしょう。

いずれにせよ、それらに気づいた銀行がよい印象を持つことはありません。たとえば、信用保証協会の保証付き融資を受けるときに支払う信用保証料などは、銀行も保証期間を把握していますから、すぐに気がつきます。

いっぽう、前払費用と長期前払費用とに区分できている決算書であれば（イチ推し仕訳）、銀行は「正しい経理ができる会社」だとして、好感を持つものです。

以上を聞いて、「前払費用や長期前払費用の金額など、全体から見ればたいした金額ではないし、納税額が変わるわけでもない。そこまでの手間をかける必要はないだろう」と感じる人もいるかもしれません。

筆者は、とある銀行員の方から「経理処理は一事が万事、神は細部にこそ宿る」とうかがったことがあります。たった1つの正しい経理処理によって、他の経理処理の正しさをも印象づけることがあるのだとすれば、たとえ少額でも手間をかける価値はあるというものです。

仕訳例 26 貸借対照表 資産の部

繰延資産その1

顧問先A社は、繰延資産である開業費30万円を全額償却した。

👍イチ推し

開業費償却 300,000 ／ 開業費 300,000

繰延資産である開業費を、費用に振り替える経理処理が、👍イチ推し仕訳です。

このようにせず、開業以来ずっと費用に振り替えることなく貸借対照表に開業費が残ったままになっているケースがあります。銀行融資の視点からおすすめできません。

そもそも開業費とは、会社を設立してから事業を開始するまでの支出をいいます。支出の効果が翌年以後にも及ぶものと考えて費用計上を繰り延べ、繰延資産とするわけです。そのうえで、効果が及んだときには費用に振り替えるべきであって、いつまでたっても貸借対照表に残っているのでは辻褄が合いません。費用に振り替えないということは、支出の効果が生じていないからではないのか、だとしたらその支出はそもそもムダなものだったのか……との見方にもなりかねないところです。

とはいえ、税理士にしてみれば「税法的には任意償却だから問題ない」として、節税効果を考慮して「先々にもっと利益が出たときまで償却を見送る」という対応もありえます。しかし、これ

を銀行は「利益に自信がない会社」と受け止めることに注意が必要です。

会計的な観点から「5年で均等償却」している場合は別として、「今期まったく償却をしていないのは、利益を水増しすることが目的なのではないか」という見方をするのが銀行です。開業費の額が大きいほど、粉飾決算を疑われます。

では、少額の開業費ならば償却しなくてもよいかといえば、そうでもありません。少額の償却もできないほど、利益に自信がないのかと見られてしまいます。

なかには、数十万円の開業費がずっと残っている決算書もあるものですが、その程度の金額であれば即、全額償却することをおすすめします。いつ得られるかわからない節税効果を狙うよりも、現在の銀行からの心証・評価をよくするほうが有意義だからです。

繰延資産その2

顧問先A社は、リサーチ会社C社に、販路開拓のための調査費用として100万円を支出した。

⚠️ 要注意

開発費　　1,000,000　／　普通預金　1,000,000

👍 イチ推し

開発費償却　1,000,000　／　普通預金　1,000,000

　貸借対照表に繰延資産として「開発費」が記載されていることがあります。開発費とは、新技術または新組織の採用、新資源の開発、新市場の開拓などのために要する具体性の高い支出です。基礎研究にはじまり、開発活動にいたるまでを幅広く対象にした支出である「研究開発費」(**仕訳例81**)とは別物ですので、気をつけましょう。

　さて、開発費もまた、粉飾決算に利用されることがあるため、銀行が注視している勘定科目のひとつです。開発費は「本来は費用処理すべきものを、資産計上しているのではないか」という目で見られます(⚠️要注意仕訳)。
　企業会計にあっては、「開発費は原則、支出時に費用処理」と

いう考え方ですから、銀行が注視するのも当然でしょう。あえて資産計上するのであれば、銀行に対して「会計処理の基準」（資産計上の根拠）を説明すべきです。とはいえ、専門性の高い部分であり、税理士から説明することをおすすめします。そのほうが銀行の理解度・納得度も高まるはずです。

なお、開発費を繰延資産として扱う場合は「5年以内に償却」するのが会計のルールであり、5年かけて償却する会社もあれば、もっと短期間で償却する会社もあります（税務上は任意償却であるため）。この点、前者は「利益に自信がない会社」であり、後者は「利益に自信がある会社」だというのが、銀行の見方です。

ですから、開発費に限らず、任意償却の繰延資産を全額、即時に費用処理することで、利益（収益力、返済力）をよりアピールできます（👍イチ推し仕訳）。

加えて、個別注記表にもその旨を記載しましょう。具体的には、「重要な会計方針に関する注記」の項目に、「繰延資産の処理方法」として、「開発費は支出時に全額費用処理しています」などと記載します。銀行は、決算書とあわせて個別注記表も確認していますから、このように記載することで会社の姿勢・方針をより明確にアピールできます。

コラム❸ 土地に含み益が生じている場合

　固定資産に関連して、土地に含み益が生じているときには、決算書や試算表とあわせて、「含み益の事実、含み益の金額がわかる資料」を銀行に提出するのがおすすめです。

　具体的には、該当する路線価図をWEBサイトから印刷したものや、固定資産税評価額が記載された納税通知書、あるいは近隣の売地情報や売買実績などです。

　ちなみに、公示価格を時価に近いものと捉えるのであれば、路線価を8割で割り戻す、固定資産税評価額を7割で割り戻した金額が参考になります（「時価－帳簿価額」が含み益）。

　これにより、銀行が含み益を織り込み、決算書や試算表の金額を修正して見てくれるのであれば、会社にとってはメリットです。土地の含み益分だけ純資産が増えることから、評価は高まります。銀行は融資審査にあたり、純資産の大きさに注目しているのですから（**コラム❶**参照）。

　ただし、土地に含み益が生じているからといって、必ずしも銀行が純資産を増額修正するとは限りません。基本的な考え方として、事業に使われている土地（事務所や店舗、工場、倉庫などの敷地）は、時価での評価（含み益や含み損による修正）はまずしないものです。事業で使われている以上、売却することはないはずだからです。

　時価での評価が検討されるのは、事業で使われていない土地、いわゆる遊休土地が対象です。

　もちろんこれは、あくまで基本的な考え方であって、実際に銀行がどう対応するかはケースバイケースです。わからないからこそ、いちおうのアピール材料として、（事業に使われている土地か、使われていない土地かにかかわらず）「含み益の事実・含み益の

金額」がわかる資料の提出をおすすめするところです。

　なお、会社所有の土地だけではなく、社長個人が所有する土地についても、含み益があればやはり同様の資料を提出することをおすすめします。銀行は、会社と社長個人の資産を一体として見ているため、個人所有の土地の含み益もプラス評価の対象になる可能性があるからです。

　以上について、「銀行から、いまは担保提供していない土地も担保提供を求められるのでは？」と心配に思うかもしれませんが、それはそれ、イヤなら断ればよいだけのこと。情報提供と担保提供とは別モノです。

仕訳例 28 　貸借対照表　負債の部

支払手形

　顧問先Ａ社は、仕入先Ｂ社に対して、商品の仕入代金として約束手形150万円を振り出した。

⚠ 要注意

仕入高 1,500,000 ／ 支払手形 1,500,000

👍 イチ推し

仕入高 1,500,000 ／ 買掛金　 1,500,000

　仕入代金について約束手形を振り出したときの経理処理が、⚠要注意仕訳です。
　即時払いや掛取引に比べ、支払時期を先延ばしできることから、資金繰り面でメリットがあります。また、同じ金額を銀行から借りると利息の支払いが必要になりますが、支払手形であれば無利息で済むのもメリットです。
　そのいっぽうで、これらメリットとは比較にならないほど大きなデメリットがあります。いうまでもなく、手形が不渡りになる（期日までに支払いができない）リスクがあることです。半年以内に2回の不渡りが発生すると銀行取引が停止されるため、資金繰りが急速に悪化し、事実上の倒産となります。たとえ1回の不渡りであっても、信用を失いますし、その後の事業に悪影響が生

じるおそれが十二分にあります。

　よって、⚠️**要注意**仕訳を目にしたときは、そもそも支払手形の利用をやめることを検討しましょう。掛取引への変更です（👍**イチ推し**仕訳）。

　変更にあたり、支払時期が前倒しされると、その分だけ資金繰りは厳しくなります。運転資金として銀行から借入することが、具体的な対応策です。あわせて、仕入先への値引き交渉（早く支払うのだから値引きしてほしい）も進めます。これにより仕入値を下げることができれば、銀行借入にともない発生する利息負担を補うことも可能です。

　また、既存の支払手形の残高分を銀行から借入して、いちどに手形をゼロにしてしまうという方法もあります。たとえば、返済期間5年で借入すると、5年で借入はなくなり、手形もなくなるので、財務状態を大きく改善することになるでしょう。もっとも、それだけの額を借入できるだけの余力（≒利益）は必要です。

　政府は2026年を目標に「手形の廃止」を進めていることは**仕訳例13**でもふれましたが、これを待つまでもなく、手形取引の見直しに動き出しましょう。会社に余力が十分あるタイミングを見逃さないことが肝要です。赤字になってから、預金残高が少なくなってからでは遅すぎます。

貸借対照表 **負債の部**

買掛金その1

顧問先A社は今月、仕入先B社から商品100万円を掛けで仕入れた（なお決算月は来月）。

👍イチ推し

仕入高 1,000,000 ／ 買掛金 1,000,000

　月次決算について、故意であれ過失であれ、この👍イチ推し仕訳が抜け落ちているケースがあります。故意であれば利益の水増しが目的であり、過失であれば税理士の見落としが原因です。

　これについて、「本決算で帳尻を合わせればいいじゃないか」（本決算では漏れなく買掛金を計上する）と考えるのであれば、浅慮と言わざるをえません。銀行に試算表を信用してもらえなくなるからです。

　本来は買掛金を計上すべきところ計上しなければ、「正しい月次損益の把握」ができません。結果として、試算表では黒字だったのに、本決算では一転して赤字といったことにもなりかねません。

　これでは、銀行は「決算書でなければ判断できない」と考えるようになり、期中に借入をしようと試算表を提示しても「決算までは様子を見させてください」などとあしらわれることが多くなります。

　この銀行の言い分ももっともで、「正しい月次損益の把握」が

できなければ、そもそも困るのは顧問先であり、社長です。「正しい月次損益の把握」なくして、はたして正しい経営判断ができるのか（できるわけがない）ということであり、正しい経営判断ができなければ、事業の持続・成長も見込まれません。そのような会社に、銀行が融資を躊躇するのは当然でしょう。

したがって税理士としては、顧問先の融資を受けにくくしてしまわないよう、月次決算も本決算並みの精度をもって臨みたいところです（1円単位の正確さという量的な精度の話ではなく、取引そのものを取り漏らさないという質的な精度の話として）。

なお、計上すべき買掛金が計上されていないことは、銀行も気がつくものです（買掛金の額や原価率の異常などから）。「故意であれ過失であれ、そのような試算表だと、顧問税理士に対する印象も悪くなる（経理処理とその確認の精度が低いことに加え、顧問先に対する支援・指導が浅い税理士がイメージされる）」という趣旨の話を、筆者はある銀行員の方から聞いたことがあります。場合によっては、他の顧問先（同銀行・同支店の顧問先など）にも影響しうるところなので、注意が必要です。

仕訳例 30 　貸借対照表　負債の部

買掛金その2

　顧問先A社は今月、仕入先B社から商品100万円を掛けで仕入れた（なお、決算月は今月）。

👍イチ推し

仕入高 1,000,000 ／ 買掛金 1,000,000

　仕訳例29は月次決算（試算表）に関してでしたが、ここでは本決算（決算書）です。

　本決算にあたり、👍イチ推し仕訳（借方の勘定科目は「外注費」などであることも）を意図的に計上しないケースがあります。すでに赤字であり、これ以上の費用を計上しても赤字が増えるだけで、税額（＝ゼロ）には影響しないから、との考えです。

　この点、「黒字のときは買掛金を計上して、赤字のときには計上しない」という会社があります。

　たしかに、赤字であれば税額には影響しません（消費税も簡易課税であれば影響しない）。しかし、銀行は企業会計（≒正しい年次損益の把握）の視点から見ており、本来計上すべき買掛金を計上しなければ、簿外債務であり粉飾決算です。

　ややもすると税理士は、顧問先から「これ以上は赤字を増やしたくない」と、買掛金の計上を見送るように依頼されます。ですが、毎年あるはずの買掛金が計上されていないことなど、銀行が決算書を見ればすぐに気がつきますし、粉飾決算と見られれば、

その後の融資が受けにくくなるばかりです。小手先の奸計は火に油であることを、顧問先に理解してもらわなければなりません。

また、買掛金の計上を見送れば、決算書の内容（事実）が歪んでしまいます。銀行だけではなく、社長もまた事実がわからなくなってしまうということです。その結果、**仕訳例29**（月次決算）と同様に、「正しい年次損益の把握」ができなくなるのは、顧問先にとっても大きなデメリットだといえるでしょう。

いちど歪んだ決算書は、その後も歪みを引きずります。今期計上すべきであった買掛金を来期計上することになれば、来期の決算書もまた歪んでしまうのです。正しい年次損益がわからなければ、決算書を経営判断に役立てることもできません。やはり困るのは顧問先であり、社長です。

顧問先に対して、「税額に影響するかどうか」という税務の視点だけではなく、企業会計の視点からもアドバイスできるようになりましょう。

仕訳例 31 貸借対照表 負債の部

買掛金その３

顧問先Ａ社は、仕入先Ｂ社に買掛金70万円を支払った。

要注意

買掛金 700,000 ／ 普通預金 700,000

　買掛金の支払いをあらわす、なにげない仕訳ですが、もっと支払いを早くできないか検討してみましょう。

　これに対し、「買掛金の支払いを早めるのは愚策ではないのか」と思うかもしれません。「入金は早く、支払いは遅く」といった財務の金言を見聞きもすることもありますし、一般的には逆ではないか、という疑問です。

　では、実際のところ、支払先に対して「支払いを遅くしてほしい」などといえるものでしょうか。通常の取引であれば、信用不安が生じ、今後の取引に悪影響が出てしまうだけです。これでは金言も机上の空論にほかなりません。

　むしろ、支払いを遅くするのではなく、逆に早くするのと引き換えに値引きができないかを支払先に交渉してみましょう。これにより資金繰りが改善するのであれば、支払先にもメリットがあります。

　とはいえ、支払いを早くするには資金が必要です。その資金が心もとないのであれば、銀行融資を検討します。運転資金の借入

を相談するのです。

　ここでいう運転資金とは、**経常運転資金**（＝売上債権＋棚卸資産－仕入債務）です。

　銀行は基本的に、経常運転資金の融資には積極的です（売掛金・受取手形、棚卸資産を現金化すれば、貸したお金は回収できるので）。

　この点、買掛金を早く支払うことは、買掛金の金額が少なくなることを意味します。これを前述の算式にあてはめれば、経常運転資金の額が大きくなることがわかります。その分だけ、借入余力が増えるということです。

　いっぽうで、借入すればコスト（銀行へ支払う利息）が発生します。これを嫌い、買掛金の支払いを早くすることに後ろ向きな社長もいるでしょう。

　しかし、値引き交渉の結果しだいでは、支払う利息を補えるケースもありますし、そのほうがおトクだというケースさえあるものです。銀行が後押しする理由になり、融資も引き出しやすくなりますから、まずは支払先への打診から始めてみましょう。

　コストが発生するのは借入金だけではありません。買掛金にもコストは発生している（受けられるはずの値引きを受けられていない）という理解が大切です。

貸借対照表 負債の部

未払金その1

顧問先A社は、月末が休日で、社会保険料50万円の引き落としが翌月初にズレ込んだ。

👍イチ推し

法定福利費 500,000 ／ 未払金 500,000

月末が土日祝日にあたり、社会保険料の引き落としが翌月となる場合で、この👍イチ推し仕訳が抜け落ちているケースがあります。すると、当月の費用が減り、その分だけ翌月の費用が増えます。これにより、当月・翌月ともに正しい月次損益の把握ができなくなるのが問題です。社長の経営判断に悪影響であることは、**仕訳例29**でふれました。

（社長・税理士ともに）「年間を通してみれば同じことだ（年間の損益は変わらない）」との考えから、意図的にこの👍イチ推し仕訳を省略することもあるようですが、銀行に試算表を提出するときにはとくに、気をつけたほうがよいでしょう。いうまでもなく、銀行からは「不正確な試算表だ」と見られてしまうからです。不正確な試算表を容認するとは、「社長も顧問税理士も、なんて管理能力・管理意識が低い会社だ」との見方にもつながり、ひいては融資に悪影響を及ぼします。

なお、月次決算における未払金の対象は、社会保険料だけでは

ありません。たとえば、水道光熱費（電気料金・水道料金など）や通信費（電話料金、インターネット接続料など）、地代家賃（事務所や店舗の賃料）や月払いの保険料、銀行に支払う利息なども対象であり（支出時に費用処理していることが前提）、それらが月末引き落としの場合には、未払金の見落としがないよう気をつけましょう。一つひとつの未払金は少額でも、合わされば大きな額になることはあるものです。また、銀行が見落としに気がつけば（未払金の額が少ないことくらいは気がつきます）、「ほかにも未払金があるのではないか」（もっと利益が水増しされているのではないか）との見方にもなりかねません。

　税理士としては、月次決算がおわったら、月次損益推移表で「毎月の販売管理費の合計額」の推移を確認するのがよいでしょう。大きく変動している月があれば、未払金の計上が漏れているかもしれないとのチェックができます。

　金額が僅少なものまでは計上しないとしても、毎月の金額を推移で比較したときに、違和感があるような試算表は避けたいものです。

　法定福利費の未払計上については**仕訳例60**もご参照ください。

仕訳例 33　貸借対照表 負債の部

未払金その2

　顧問先Ａ社は、決算前に購入した液晶ディスプレイ5台・20万円の請求書（支払期限は翌月末）を受け取った。

👍イチ推し

消耗品費 200,000 ／ 未払金 200,000

　仕訳例32は月次決算（試算表）に関してでしたが、ここでは本決算（決算書）に関してです。

　本決算にあたり、上記の仕訳（借方の勘定科目は、「消耗品費」以外にもいろいろ）を意図的に計上しないケースがあります。基本的な考え方は、**仕訳例30**（買掛金の未計上）と同様です。

　とはいえ、借方の勘定科目は多岐にわたり、金額の大小も多様なため、どこまで未払金を計上するかで迷うことがあるかもしれません。基本的には、月次決算と同様、本決算でもできるだけ未払金を計上することをおすすめします。

　おすすめする理由のひとつは、銀行から粉飾決算の疑いをかけられないようにするためです（**仕訳例30**参照）。

　さらに、「翌期の業績改善の布石にする」という理由もあります。端的にいえば、今期に未払金を計上するほど、翌期の利益は増えるということです。これにより、翌期が黒字になる確率が高まります。

　ここで、「今期が赤字の場合にはどうするのか？」と疑問に思

うかもしれません。赤字であっても、積極的に未払金を計上することに意味はあります。未払金の計上によって、今期は赤字が大きくなったとしても、その分、翌期の費用が減って黒字化できるのであれば、V字回復（赤字→黒字）を果たすことができるからです。

　むしろ、今期の赤字が増えるのを嫌い、未払金の計上を取りやめた場合、その分の費用が翌期の利益を押し下げ、赤字になってしまうほうが問題です。二期連続の赤字ですから、銀行からの評価において大きなダメージとなります。二期連続の赤字より、「今期赤字で来期黒字」のほうがマシということです。

　もっとも、大切なのは、未払金を計上するかどうか以前に、費用の前倒しを検討することです。翌期に見込まれる費用のうち、今期にズラせるものがあればズラしてしまうわけです（経理処理上の話ではなく、取引自体を前倒しする）。たとえば定期的に行っている修繕の前倒しが挙げられます。

　その判断には、決算前のシミュレーションが必要になります。顧問税理士として、支援のしがいがあるところです。

仕訳例 34 貸借対照表 負債の部

未払金その3

　顧問先Ａ社（医療法人）は、手術用機械900万円を割賦購入した。毎月の支払額は15万円である（支払利息については省略）。

⚠️要注意

機械装置 9,000,000 ／ 未払金　　　9,000,000

👍イチ推し

機械装置 9,000,000 ／ 未払金　　　1,800,000
　　　　　　　　　／ 長期未払金 7,200,000

　機械装置や車両運搬具などの固定資産を、割賦購入した場合の経理処理として、⚠️要注意仕訳が散見されます。割賦金の支払いが決算日から１年以内におわるのであれば差支えありませんが、１年超に及ぶのであれば👍イチ推し仕訳が正しい経理処理です。

　後者の場合、割賦金を流動負債としての「未払金」（月額15万円×12か月＝180万円）と、固定負債としての「長期未払金」とに区分します。

　このように区分するのは、**流動比率**（＝流動資産÷流動負債）が不正確になることを避けるためです。割賦金のすべてを未払金にしてしまうと、実態よりも流動負債が過大となり、流動比率は

実態よりも悪く見えてしまいます。

　銀行の融資審査では、決算書の数字をそのまま、機械的・画一的に財務指標で評価される面もあるため、気をつけなければなりません。銀行がきちんと実態で評価してくれるかどうかはケースバイケースなので、あらかじめ会社側での配慮を要します。

　そうであれば、「割賦金のすべてを長期未払金にすればよいのではないか」（区分して管理するのも面倒）、と考える税理士もいるようです。しかし、これでは逆に、流動比率が実態よりも良く見えてしまいます（銀行に対しては、「小手先の財務指標操作」に映ることも）。なにより、社長が資金繰りを誤認する可能性があるので、やめておきましょう。

　割賦金のすべてを長期未払金にすれば、決算日から１年以内にどれだけの支払いが必要かを把握できません。いっぽうで、未払金と長期未払金とに区分していれば、未払金が早期（１年以内）に支払わねばならない金額であることが一目瞭然です。

　せっかく決算書をつくるのですから、税金計算をするためだけではなく、社長が見たときにすぐ「経営判断・財務判断に役立つ」決算書を目指しましょう。

　税理士から見ても、顧問先の資金繰り状況が把握しやすく、資金繰りのアドバイス（銀行融資を受けるべきタイミングなど）がしやすくなるメリットがあります。

仕訳例 35 貸借対照表 負債の部

未払消費税等

顧問先Ａ社は、当月の取引における消費税納付見込額として75万円を計上した。

👍イチ推し

租税公課 750,000 ／ 未払消費税 750,000

　消費税の納税義務がある会社で、税込経理をしている場合に、未納付の消費税を計上するときの仕訳です。

　この経理処理を、本決算のとき（決算書をつくるとき）だけではなく、月次決算のとき（試算表をつくるとき）にもおこないましょう。つまり、毎月の消費税の納付見込額を、月次決算に織り込むということです。

　月次決算では何も仕訳をせずに、本決算で１年分をまとめて計上すると、毎月の利益が過大になります。実際には消費税の負担があるのに、それをないものとしているからです。

　その結果、決算時に突如、大きな金額の消費税（租税公課）が計上されて、利益が大きく減少することになります。試算表を見ていた銀行からすれば、「アテにならない試算表をつくる会社だ」となるでしょう。

　社長もまた、「もっと利益が出ると思っていたのに……」という見込み違いになりかねません。そうなれば、期中の経営判断を間違える可能性さえあります。

さらにいえば、決算時に突然、多額の納税額を知らされた社長が、予想外の資金繰りに窮してしまう、というケースもありえます。「消費税を納付するため」という資金使途では、銀行からの融資は受けられません（消費税は預り金であり、会社の中でプールされているはずとの考えから）。ひいては、社長から顧問税理士に対して「もっと早く納税額を知らせてほしい」というクレームにいたる可能性もあるでしょう。

　この点、月次決算で**イチ推し**仕訳をしていれば、貸借対照表の未払消費税等の残高が納付見込額をあらわすことから、社長にも一目瞭然です。これなら、決算時に納税であわてることもなくなります。社長も、早めにお金の算段に動けるというものです。

　たった1つの仕訳でも、資金繰りには大きな影響があると肝に銘じましょう。

仕訳例 36 貸借対照表 負債の部

前受金

顧問先Ａ社は、売買契約時に売上先Ｂ社から、手付金として100万円を受領した。

👍イチ推し

普通預金 1,000,000 ／ **前受金** 1,000,000

　商品の引渡し前・サービスの提供前に、その代金の一部または全部を受け取ったときの仕訳です。

　当然ながら、前受金を受け取らないよりも、受け取ったほうが資金繰りはラクになります。前受金を受け取ることができないかを検討しましょう。

　たとえば、不動産業や情報通信業、小売業、卸売業、運輸業、製造業などは、前受金の受け取りが比較的多い業種です。これら業種は、着手から納品までに長い時間がかかることがあります。そのあいだ、売り手側が取引をスムーズに進められるように（先行する支払いに対応できるように）と、前受金の慣習が受け入れられているわけです。

　これら業種に限らず、同様に取引が長期に及ぶ事業であれば、前払い（前受金）に応じてもらうことができないか、取引先（買い手）に交渉するとよいでしょう。「どうせ受け入れてもらえないだろう」と決めつけて、いちども交渉をしたことがない会社はあるものですが、いざ交渉をしてみると、案外すんなり前払いに

応じてもらえることもあります。顧問先の状況に応じて、交渉をすすめてみましょう。

　前受金に応じてもらえるかどうかは、売り手の優位性に左右されます。他にはない（優位性が高い）商品・サービスであれば、買い手はそれをほしいわけですから、売り手も交渉を進めやすくなるはずです。

　また、そこまでの優位性はなくとも、新規取引の買い手に対しては信用力の低さを理由に前払いを求める、という交渉のしかたもあるでしょう。既存の取引先は無理でも、新規の取引先からは前払いをお願いするのです。その分、資金繰りを改善することができます。

　なお、前受金を受け取ることができず、資金繰りに苦労する会社が、ファクタリング（**仕訳例06**参照）の利用をはじめようとするケースがあるので、気をつけましょう。ファクタリングのデメリットを考えると、代わりに銀行融資を提案したいところです。

仕訳例 37 　貸借対照表 負債の部

預り金

　顧問先Ａ社は、資金繰りが厳しいなか、源泉所得税の支払いよりも優先して、銀行への毎月返済30万円を支払った（支払利息については省略）。

⚠要注意

１年以内返済長期借入金 300,000 ／ 普通預金 300,000

👍イチ推し

預り金　　　　　　　　　　300,000 ／ 普通預金 300,000

　社員から預かった、所得税や住民税などの税金を支払ったときの経理処理が、👍イチ推し仕訳です。

　これに対して⚠要注意仕訳は、税金の支払いはせず、銀行借入の返済を優先したものです。資金繰りが厳しい会社で、しばしば見られる状況です。社長としては、「返済に遅れたら、次の融資は受けられなくなってしまう」との考えであり、「税金の支払いは待ってもらえばよいだろう」とも考えています。

　たしかに納税を待ってもらうことも可能ですが、状況しだいでは差押えなどの強制的手段もありうることを忘れてはいけません。

　支払いの優先順位を間違えないようにしましょう。

納税と借入返済であれば、優先すべきは納税です。銀行に対しては、リスケジュールの相談をすることで（要・経営改善計画）、一時的に返済を待ってもらうことはできます。税金には、前述の所得税・住民税以外にも、法人税、消費税、固定資産税などもあるほか、似たところでは社会保険料もありますが、すべて借入返済よりも支払いを優先すべきです。

なお、資金繰りが厳しいときの支払いの優先順位については、以下のとおりです。いざというときのために、顧問先とも共有しておくとよいでしょう。

支払いの優先順位

① 支払手形（不渡りは致命傷）
② 社員の給料（社員の士気が下がれば事業活動は成り立たない）
③ 買掛金（仕入先の信用を失うと商売が成り立たない）
④ 家賃・水道光熱費ほか費用（支払い猶予・分割払いを相談）
⑤ 税金・社会保険料（支払い猶予・減免・分割払いを検討）
⑥ 借入返済（支払いの優先順位はさいご、早めのリスケを検討）

仕訳例 **38**

貸借対照表 負債の部

借入金その1

顧問先A社はC銀行から、返済期間60か月・元金均等返済の条件で1,200万円を借り入れた（借入日は決算月であり、返済は翌月から）。

⚠️ 要注意

普通預金 12,000,000 ／ 短期借入金※　　　　　12,000,000
　　　　　　　　　　　※あるいは「長期借入金」

👍 イチ推し

普通預金 12,000,000 ／ １年以内返済長期借入金 2,400,000
　　　　　　　　　　／ 長期借入金　　　　　　 9,600,000

　銀行からの借入について、１つの勘定科目で経理処理しているケースがあります（⚠️ **要注意**仕訳）。
　このとき対象になる借入金の返済が長期（返済期間１年超）に及ぶものである場合には、おもに２つの問題が生じることになります。

　１つめの問題は、**流動比率**（＝流動資産÷流動負債）が不正確になることです。
　本来、返済期間が１年超の借入金のうち、決算日から１年以内

に返済する分は「１年以内返済長期借入金」（流動負債に区分）として、決算日から１年を超えて返済する分は「長期借入金」（固定負債に区分）とするのが、正しい経理処理です（👍**イチ推し**仕訳）。

　にもかかわらず、短期借入金や長期借入金といった１つの勘定科目で経理処理すれば、流動比率が不正確になります。銀行の融資審査では、決算書の数字をそのまま、機械的・画一的に財務指標で評価される面もあることは**仕訳例34**のとおりです。正しい経理処理に努めましょう。

　２つめの問題は、資金繰りの誤認です。
　借入金を１つの勘定科目で経理処理している場合、決算書を見ても年間返済額（翌期１年の返済額）はわかりません。
　そもそも、資金繰りを考えるうえでは年間返済額の把握が重要であり、そのうえで「税引後利益＋減価償却費＞年間返済額」が資金繰りのセオリーです。
　にもかかわらず、年間返済額の把握ができなければ、社長は資金繰りを見誤る可能性が高まります。
　いっぽう、借入金を「１年以内返済長期借入金」と「長期借入金」とに区分して経理処理している場合、決算書の「１年以内返済長期借入金」の金額が年間返済額となるので、社長にとっても一目瞭然ですから、資金繰りを見誤ることもなくなるでしょう。
　勘定科目の区分は、銀行対応の基本であり、借入金管理の基本でもあります。仕訳の手間を惜しんではいけません。

貸借対照表 負債の部

借入金その２

顧問先Ａ社はＣ銀行から、運転資金を資金使途として、返済期間60か月・元金均等返済の条件で360万円を借り入れた（借入日は決算月であり、返済は翌月から）。

⚠要注意

普通預金 3,600,000 ／１年以内返済長期借入金　720,000
　　　　　　　　　／長期借入金　　　　　　　2,880,000

👍イチ推し

普通預金 3,600,000 ／短期借入金　　　　　　3,600,000

経常運転資金（＝売上債権＋棚卸資産－仕入債務）分の融資を受けるのは、資金繰りのセオリーです。この融資については、銀行も基本的にポジティブであり、会社にとっては借りやすい融資にあたります。ただし、その借りかた（返済方法）には注意が必要です。

毎月分割返済（証書貸付）という借りかたをしたときの経理処理が、⚠要注意仕訳です。よくある借りかたですが、毎月返済するたびに手元のお金が減り、資金繰りが厳しくなるのが問題です。そもそも経常運転資金分として借入したのですから、その分のお金がなくなれば資金繰りが厳しくなるのは当然でしょう。

いっぽうで、最近増えているのが「**短期継続融資**」という、短

期の手形貸付や当座貸越による借りかたです（👍**イチ推し**仕訳）。短期（期日1年以内）の手形貸付であれば、期日に銀行の審査をへて、その期日を更新することで、実質的に「借りっぱなし」にできます。

また、当座貸越であれば、銀行が決めた契約期間のあいだ、限度額（極度額）の範囲内で、会社は自由に借りたり返したりができるため、やはり「借りっぱなし」にすることが可能です。

短期継続融資を受けられれば毎月の返済がなくなり、資金繰りは悪化しません。

以上のとおりですので、⚠️**要注意**仕訳を目にしたとき（毎月分割返済している場合）には、短期継続融資にて借りることができないか、銀行に相談するとよいでしょう。現在は金融庁も銀行に対して短期継続融資を推奨しているため、以前に比べ相談に応じてもらいやすくなっています。

ただし、銀行にとっては「貸しっぱなし」というリスクもあるため、決算書の内容が悪かったり（赤字・債務超過）、決算書に不透明なところがある（たとえば役員貸付金が多い）と、相談をしたところで断られやすくなります。決算書の内容に気をつけつつ、タイミングをみはからって相談しましょう。

なお、手形の期日や当座貸越の契約期間を更新してもらえなかったら困るのではないか、と考えるかもしれません。だとすれば、期日や契約期間終了時に一括返済を求められるのだから、短期継続融資はやめたほうがいい、という考え方です。

実際には、一括返済になるケースは少ないといってよいでしょう。一括返済を強要して、融資先がつぶれてしまうようでは銀行も困ります。よって更新はできずとも、以降は毎月分割返済に切り替えるという対応が現実的です。一括返済を過度に心配するより、短期継続融資のメリット（資金繰り改善）に目を向けましょう。

貸借対照表　負債の部

借入金その3

　顧問先A社は、C銀行からの借入残高960万円（毎月返済額40万円・残りの返済期間24か月、うち当期分は3か月）を繰上げ返済した。

⚠ 要注意

1年以内返済長期借入金	1,200,000	/
長期借入金	8,400,000	/ 普通預金 9,600,000

　繰上げ返済をしたときに見られる仕訳です。
　銀行融資を必要とする会社（自己資金だけでは資金繰りが回らない会社）にとって、繰上げ返済は得策ではありません。それでもなお、繰上げ返済する会社があり、繰上げ返済をすすめる税理士がいます。「利息がもったいない」と考えるからです。
　たしかに、借入をしている以上、銀行への利息の支払いは避けられず、それがもったいないという気持ちはわかります。
　ですが、繰上げ返済をしたあと、業績悪化などにより資金繰りが厳しくなったらどうでしょう。さらなる融資を申し込むことを考えるわけですが、はたして業績が悪化した会社に銀行が融資をしてくれるものか、という話です。
　運よく借りることができたとしても、その金利はどうでしょう。業績が悪化すれば金利は上がりますし、いまは世の中の金利も上昇傾向にあります。このように比較すれば、いま借りている金利

のほうがおトクだと考えることもできます。

　また、「決算書の内容をよくするために繰上げ返済をする」との考え方もあります。たしかに、繰上げ返済によって自己資本比率が上昇するなど、表面的によくなることはあるでしょう。
　しかし、銀行がもっと気にしているのは資金繰りです。平たくいえば、預金があるかどうかです。
　繰上げ返済をすれば、その分だけ手元のお金は減ります。その結果、預金残高が少なくなりすぎると返済できなくなるリスクが高まるため、銀行はよい印象を持ちません。目安として、預金残高が平均月商（＝年間売上高÷12か月）の2か月分未満であれば「警戒」、1か月分未満であれば「危険」というのが、おおかたの銀行の見方です（21頁参照）。

　そもそも、お金を貸すことが銀行の商売でもあります。銀行にとって、融資は商品です。繰上げ返済とは、その商品を返品するようなものであり、銀行にとっては売上が減ることでもあるので、基本的によい印象を持ちません。
　繰上げ返済を繰り返しているようだと、融資が受けにくくなることもあります。

仕訳例 41 　貸借対照表 負債の部

借入金その4

顧問先A社は、資金繰りにあてるため、社長から300万円を借り入れた。

⚠️要注意

普通預金 3,000,000 ／ 短期借入金 3,000,000

👍イチ推し

普通預金 3,000,000 ／ 役員借入金 3,000,000

　会社が社長個人から借入をした際、勘定科目を「短期借入金」として経理処理しているケースがあります（⚠️要注意仕訳）。

　社長が短期に返済を求める借入でなければ、勘定科目を「役員借入金」として、貸借対照表の「固定負債」に区分する経理処理がおすすめです（👍イチ推し仕訳）。

　なぜなら、そのような借入は「自己資本とみなすことができる」という考え方が、銀行にはあるからです。

　社長が返済を求めない（あるとき払いの催促なし）ということは、実質的には出資（資本金）のようなものだといえます。ゆえに銀行は、役員借入金の分だけ負債を減額修正して、決算書を評価することもあるわけです。これは、会社にとって有利な修正にあたります（純資産が増える）。

ところが、勘定科目が「短期借入金」では、「社長は短期のうちに返済を求めている」と見られるため、自己資本とみなされることもありません。
　それならば、勘定科目を「長期借入金」とすればよいかというと、これも不十分です。銀行が、社長からの借入であることに気づかなければ、やはり自己資本とみなされることはありません。
　勘定科目内訳明細書に「社長からの借入」である旨の記載があれば、銀行も気がつくのではないかと考える人もいるでしょう。ですが、銀行が必ずしも勘定科目内訳明細書を見るかどうかはわかりませんし、見落としてしまうおそれもあります。それを避けるため、そもそも勘定科目から一見してわかるように「役員借入金」とするのが賢明です。

　なお、銀行は役員借入金の出どころを気にします。社長への役員報酬が相応であり、それが役員借入金の原資と見られるようならよいですが、役員報酬の額が少ないと、出どころが気になることもあるわけです。消費者金融など高利貸しからの借入を懸念されたり、場合によっては脱税を疑われもします。そこで、社長個人で不動産賃貸収入がある、相続で譲り受けた預金があるといった場合には、銀行にも説明をしておくとよいでしょう。

貸借対照表 負債の部

リース債務

顧問先A社はリース会社C社と、月額リース料5万円、リース期間5年の契約を結んだ（契約日は決算月であり、リース料の支払いは翌月から）。

⚠要注意

リース資産 3,000,000 ／ リース債務　　　3,000,000

👍イチ推し

リース資産 3,000,000 ／ 短期リース債務　600,000
　　　　　　　　　　　／ 長期リース債務 2,400,000

　リース取引[*1]（リースで固定資産を利用する）の際、いわゆる「売買取引に係る方法」に準じて経理処理している会社の仕訳です。

　このとき、勘定科目を「リース債務」とし、流動負債または固定負債のどちらかいっぽうにリース債務全額を記載している貸借対照表が少なくありません（⚠要注意仕訳）。

　リース債務全額を流動負債とすれば、実態よりも流動負債が多くなるため、流動比率が悪く見えてしまいます。逆に、全額を固定負債とすれば、実態よりも流動負債が少なくなるため、流動比率を良く見せかけることになってしまいます。

正しくは、リース債務を流動負債と固定負債とに分けるべきところです。決算日から1年以内に支払予定のリース債務は「短期リース債務」として流動負債に、1年を超えて支払予定のリース債務は「長期リース債務」として固定負債に記載するのが、実態に則した経理処理といえます（👍イチ推し仕訳）。

　銀行が必ずしも、表面的な流動比率（リース債務全額を流動負債または固定負債にしている場合の流動比率）で評価をしているわけではありませんが、表面的な流動比率だけしか見ていないことがあるのも事実です。表面（決算書）と実態とを合わせておくに越したことはありません。

　なお、いわゆる「所有権移転外ファイナンス・リース取引」の場合、財務指標への影響（自己資本比率の低下）を避けることを目的に、賃貸借取引（リース資産・債務を計上せずにリース料を費用計上）を採用するケースがあります。

　この点、中小企業庁「中小企業の会計に関する基本要領」[*2]によれば「金額的に重要性がある未経過リース料は注記することが望ましい」とされている点に注意が必要です。注記がない場合には、簿外債務（リース債務）を隠しているようにも見えてしまいます。

　銀行は、注記表も確認をしていますから、漏れのない注記に努めましょう。

[*1]　なお、上場企業やその子会社などでは、2027年4月以後に開始する事業年度から「新リース会計基準」が適用される（2025年4月以後に開始する事業年度から早期適用可）。
　　　ただし、それ以外の中小企業には適用されず、「中小企業の会計に関する指針」（174頁）や「中小企業の会計に関する基本要領」（下記）によることとなる。
[*2]　https://www.chusho.meti.go.jp/zaimu/youryou/about/index.html

貸借対照表 負債の部

賞与引当金

顧問先Ａ社は、社員への夏季賞与として総額180万円を支払った。

⚠️ 要注意

賞与　　　　　1,800,000 ／ 普通預金　1,800,000

👍 イチ推し

① 賞与　　　　　350,000 ／ 賞与引当金　350,000
② 賞与引当金 1,800,000 ／ 普通預金　1,800,000

　賞与を支払ったときに、全額を費用計上する経理処理があります（⚠️**要注意**仕訳）。すると、賞与の金額が多いほど支払月の費用も多くなることから、単月の利益が少なくなってしまうのが問題です。場合によっては、赤字になってしまうこともあるでしょう（試算表は毎月黒字が望ましいことは**仕訳例18**のとおりです）。

　そこで、賞与は毎月にあん分することを検討しましょう。

　具体的には、賞与の年間予定額を把握し、それを12か月で割った金額を、月次決算時に「賞与引当金」として計上します（👍**イチ推し**仕訳①・賞与の年間予定額を420万円とする例）。そのうえで、支払時には賞与引当金を取り崩すという経理処理（②）によって、支払月の利益が少なくなるのを避けることがで

きます。

　その結果、毎月黒字となれば、銀行に対しては好影響です。社長にとっては「正しい月次損益」の把握にも役立ちます。

　本来、販売管理費については、毎月変わらないことを前提として、大きな変化があれば異常値として気づけるようにしたいものです。賞与のように「長い期間が対象の費用を一時払いした金額」（≠異常値）を、そのまま販売管理費としてしまえば、本当の異常値（臨時の費用、特別な損失など）に気づきづらくなってしまいます。

　引当金を計上することで仕訳の数は増えますが、社長の経営判断に貢献する経理処理として、仕訳の手間を惜しまないようにしましょう。

　なお、賞与にともなう社会保険料もまた、毎月にあん分して計上するのがおすすめです。

　いっぽうで、保険料の支払時に全額を費用計上すると、やはり支払月の利益が少なくなってしまいます。

　おすすめの仕訳例としては、次のとおりです。

【月次決算時】
法定福利費　×××　／　未払費用　×××

【保険料支払時】
未払費用　　×××　／　普通預金　×××

負債の部　115

貸借対照表 負債の部

退職給付引当金

顧問先A社は、退職金規程にもとづく退職金の支払いを考慮し、当月分の退職給付引当金10万円を繰り入れた。

👍イチ推し

退職給付引当金繰入 100,000 ／ 退職給付引当金 100,000

仕訳例43の賞与引当金と同じく、別表加算の対象となるのが退職給付引当金です。別表加算の手間を嫌う税理士からは敬遠されることもあるようですが、「正しい月次損益・年次損益」の把握を考えるのであれば、退職給付引当金は計上すべきといえます。

そもそも退職給付引当金とは、将来、社員に支給される退職金に備えるための引当金です。その計上は、「正しい財産状態」を把握するためでもあり、あるべき退職給付引当金が計上されていなければ、簿外債務（粉飾決算）ということにもなってしまいます。

社員数が多い会社などではとくに、退職金の総額が多額に及ぶことから、退職給付引当金は銀行の関心事です。退職給付引当金が簿外とされていることで、債務超過を免れているといったケースも考えられます。M&Aでも簿外債務は論点になるところです。最近では、銀行もM&A支援に力を入れていることから、引当金に対する関心が増しているという一面もあるでしょう。

また近年は、人件費が高騰している（給与水準が上がっている）ことから、退職金の給付額が影響を受けることもあるため、影響のていどを把握しようと、融資先へヒアリングを進める銀行の話も耳にするところです。
　よって、退職金について規程や契約があれば、その内容を確認・整理して、正しく退職給付引当金を計上できるようにしましょう。

　なお、中小企業庁「中小企業の会計に関する基本要領」*では、退職給付引当金について「退職金規程や退職金等の支払いに関する合意があり、退職一時金制度を採用している場合において、当期末における退職給付に係る自己都合要支給額を基に計上する。」とされています。これに沿って、個別注記表への記載も忘れないように気をつけましょう。
　「従業員の退職給付に備えるため、退職金規程に基づく期末要支給額から、中小企業退職金共済給付額を控除した金額を計上しています。」といった記載が一例です。

---

*　前掲・113頁

❹ 賞与引当金の別表加算と注記

　仕訳例43の👍**イチ推し**仕訳によって、本決算時に賞与引当金が貸借対照表に残れば、いわゆる別表加算が必要になります。また、未払賞与にともなう社会保険料（賞与引当金に対応する社会保険料）を「未払費用」として経理処理した場合も、別表加算の対象です。

　この点、「別表加算は面倒なので嫌だ。だから賞与引当金の計上はしない」という税理士の話を聞くことがあります。

　たしかにそれもひとつの考え方ではあるものの、顧問先に損をさせている可能性を否定できません。ここでいう「損」とは、顧問先の融資を受けにくくしているかもしれない損と、社長の経営判断を鈍らせているかもしれない損の2つです。

　税理士は税金の専門家だといわれます。だとしたら、別表加算こそ腕の見せどころでしょう。積極的な別表加算が、顧問先の得（前述の損の反対）につながることはあるからです。

　また、**仕訳例09**でも前述のとおり、「別表加算は業績好調の証し」と見ている銀行員もいます。加算をしてまで費用を積極的に計上する会社は、「利益に自信がある会社」として銀行の歓心を買います。

　なお、決算書に賞与引当金が残るのであれば、個別注記表への記載漏れにも注意しましょう。引当金について「重要な会計方針に関する注記」の記載漏れを、銀行から指摘された例があります。融資先から提出された決算書（貸借対照表、損益計算書）とあわせて、銀行は個別注記表もチェックしているのです。中小企業庁

「中小企業の会計に関する基本要領」(前掲・113頁)に沿って、「従業員の賞与支給に備えるため、支給見込額の当期負担分を計上しています」などと記載するのがよいでしょう。

仕訳例 45 貸借対照表 純資産の部

資本金

顧問先A社は、資金繰りを改善するために、社長が500万円を追加出資した。

⚠️要注意

普通預金 5,000,000 ／ 資本金　　　5,000,000

👍イチ推し

普通預金 5,000,000 ／ 役員借入金 5,000,000

　社長個人のお金を会社に入れる場合、出資として扱うときの経理処理が⚠️要注意仕訳です。
　このとき、借入として受け入れる（👍イチ推し仕訳）のではダメなのか、検討しましょう。
　出資として受け入れるのは、そのほうが決算書の見栄えがよいから、というケースがあります。たしかに自己資本比率も上がりますから、見栄えがよくなるのは間違いありません。
　ただし、以下のようなデメリットもあるのです。
　まず、出資の金額によっては、毎年の法人税（地方税の均等割額）が増えたり、贈与税が生じる可能性があります。また、増資については登記手続きが必要になるため、登記費用（登録免許税や司法書士報酬など）もかかってしまいます。

いっぽう、借入として受け入れるのであれば、そのような負担はありません。

とはいえ、決算書の見栄えが悪くなるではないかと思われるかもしれませんが、「対銀行」ということであれば、そこまでのものではないでしょう。なぜなら、銀行は自己資本比率よりも、預金の有無をより重視するからです。出資であろうと借入であろうと、会社の預金が増えるのは変わりません。

もっとも、自己資本比率が「ひと桁」にまで下がると、倒産確率が上がるという統計もあることから、銀行の印象も悪くなります。しかし、社長がすぐに返済を求めない借入であれば、銀行には「自己資本とみなすことができる」との見方があります（**仕訳例41**参照）。そのため、借入として受け入れるのであっても、実質的な自己資本比率（銀行が見る自己資本比率）は下がらないともいえます。

以上をふまえて、本当に出資として受け入れる必要があるのか、あらためて検討しましょう。

なお、類似の検討として「役員借入金を資本金に振り替えるかどうか」が挙げられます。いわゆる、DES（デット・エクイティ・スワップ）です。

自己資本比率の改善を目的に、DESを進めようとする会社もありますが、やはり、社長個人のお金を出資として受け入れるのと同じデメリットが生じるので、気をつけましょう。

❺ 役員借入金が必ずしも有利とはいえない

仕訳例41では、役員借入金が自己資本とみなされれば、会社にとって有利な修正になるといいました。ところが、役員借入金が必ずしも有利とはいえない一面もあります。

銀行からの借入が増えず、いっぽうで役員借入金が増えている場合、銀行は「この会社は、銀行から借りたくても借りられないのではないか」と考えるものです。つまり、会社の業績が悪かったり、業績以外にもなにか問題があったりで、他行が融資を躊躇しているのではないか、そうであれば自行も融資はできないぞ、という発想です。

したがって、銀行から借入ができるのに、借入の手続きや手間が面倒だからと安易に社長からの借入で済ませるのは、やめておきましょう。銀行から警戒されて、融資を受けにくくしてしまうおそれがあります。

また、役員借入金がいつまでも残っていたり、残高が増え続けていたりすると、経営者保証（社長個人の連帯保証）が外しにくくなるのも問題です。銀行にしてみれば、「社長からの借入がなければ、資金繰りが回らないほど収益力がない会社」という見方になってしまいます。いまは経営者保証なしの融資が増えている（新規融資の約半数）にもかかわらず、自社の経営者保証を外せないのでは、もったいないことです。

さらに、相続税の問題もあります。社長個人から見れば、役員借入金は債権（財産）であり、万一のときには相続税の対象です。役員借入金の分だけ相続税が増えれば、残された家族が相続税の支払いで困ってしまう（役員借入金を返済するだけのお金が会社にはない）ことも考えられます。

役員借入金はないほうがよいものとして、解消に努めましょう。

❻ 利益剰余金の額を確認する

　資本金に関連して、同じ純資産の部には「利益剰余金」という勘定科目があります。仕訳として扱うことは少ないですが、定期的に確認をすべき勘定科目です。具体的には、利益剰余金の額を確認しましょう。

　いうまでもありませんが、利益剰余金とは「創業から現在までの税引後利益の累計額」をあらわしています。その利益剰余金を会社の「期数」で割ることで、「おおむね平均的な年間利益」をつかむことが可能です。実際に銀行もそのような見方をしています。

　たとえば、今回の決算では300万円の黒字だったとします。いっぽうで、利益剰余金から見た「平均的な年間利益」は100万円という場合、今回は「かなり好調」だと判断できます。いっぽう、利益剰余金から見た年間利益が500万円という場合、今回は「それほど好調でもない」といった判断にもなるわけです。

　このように、利益剰余金の額を確認することで、その会社の好不調を判断しやすくなります。

　なお、赤字が続くなどして利益剰余金がマイナスになると、心配されるのが債務超過です。債務超過になれば、銀行融資は極端に受けにくくなってしまいます。

　利益剰余金のマイナスが、資本金よりも大きくなると債務超過になるので、債務超過までどれくらいの余裕があるのか（いくらまでの赤字なら債務超過にならずにすむのか）を把握しておきましょう。そのうえで、できるだけ債務超過を避けられるように、利益剰余金の額を積み上げることが大切になります。

　具体的には、毎年の税引後利益を増やすことです。ポイントは

「税引後」というところにあります。税金を払わなければ税引後利益は増えないし、利益剰余金もまた増えないのです。
　決算書の内容をよくする（純資産を増やす）には納税が必要であることを、顧問先には理解してもらいましょう。利益を減らす節税ばかりしていても、決算書の内容はよくなりません。
　銀行融資が必要であるうちは（少なくとも預金残高が平均月商の６か月分未満）、惜しまず利益を出すことです。銀行からの評価を上げて融資を受けることで、預金残高を増やします。利益を減らす節税はそれからです。
　利益を減らさない節税こそ税理士の真骨頂です。具体的には、各種の税額控除や、経理処理によるくふうが挙げられます（**仕訳例22、仕訳例24、仕訳例80**などをご参照）。

Chapter 3 損益計算書

売上高・売上原価

売上高 / 仕入高 / 外注費

販売費及び一般管理費

役員報酬 / 給与 / 退職金 / 法定福利費 / 福利厚生費 / 交際費 / 広告宣伝費 / 旅費交通費 / 水道光熱費 / 消耗品費 / 地代家賃 / リース料 / 修繕費 / 租税公課 / 支払報酬 / 保険料 / 支払手数料 / 諸会費 / 減価償却費 / 研究開発費 / 貸倒引当金 / 雑費

営業外収益

雑収入

営業外費用

受取家賃 / 支払利息

特別損失

固定資産売却損 / 店舗閉鎖費用

当期純利益

法人税及び住民税、事業税

損益計算書 売上高・売上原価

売上高その1

顧問先A社は、取引先B社から技術指導料10万円を受け取った。

⚠️ 要注意

普通預金 100,000 ／ 雑収入 100,000

👍 イチ推し

売掛金　　100,000 ／ 売上高 100,000
普通預金 100,000 ／ 売掛金 100,000

　本当は「売上高」として計上できるにもかかわらず、安易に「雑収入」としているケースが散見されます（⚠️要注意仕訳）。
　たとえば、事業に付随する手数料収入や、不動産賃貸収入を「雑収入」として仕訳をしているケースです。「雑収入」ではなく、別の科目で営業外収益に計上している場合も同様です。
　この経理処理は、営業利益の過小評価につながります。雑収入10万円として仕訳をすれば、売上高10万円として仕訳をするのに比べて、営業利益が10万円少なくなります。
　銀行は最終利益だけでなく、営業利益の金額にも注目しています。営業利益は最終利益に比べて、「本業の収益力」をよりあらわす指標だからです。営業利益が過小評価されるのは、会社にとっ

てデメリットにほかなりません。

　ただし、なんでもかんでも「売上高」として仕訳をすればよいと考えるのは間違いです。売上高にできるのは、定款に事業目的として定めた範囲に限られます。よって、まずは定款や謄本（履歴事項全部証明書）に記載されている事業目的の内容を確認することです。

　そのうえで、雑収入か売上高かの区分をしましょう。

　また、必要に応じて事業目的の追加や変更も検討しましょう。これまでは「雑収入」としていた金額を、「売上高」として計上できるかもしれません。結果として、営業利益の増加につながります。営業利益が増えれば、より融資が受けやすくなります。

　なお、売上高として計上するのであれば、収益計上時期にも注意が必要です。雑収入は現金主義で計上しているケースが多く見られますが、売上高であれば発生主義で計上します（👍イチ推し仕訳）。

　これにより、**経常運転資金**（＝売上債権＋棚卸資産－仕入債務）の金額が増えるため、その分も運転資金として融資を受けられれば、資金繰りがより安定します（運転資金の融資における、おもな対象は経常運転資金）。これは、売掛金全般にいえることでもあります。

　発生主義は仕訳が増えて面倒くさい……などと考えてはいけません。

仕訳例 47

損益計算書 売上高・売上原価

売上高その２

顧問先Ａ社は、売上先Ｂ社から売上代金50万円の入金があり、売上を計上した。

⚠️要注意

普通預金 500,000 ／ 売上高 500,000

👍イチ推し

売掛金　　500,000 ／ 売上高 500,000
普通預金 500,000 ／ 売掛金 500,000

仕訳例46では、現金主義と発生主義の話をしました。

この点、月次決算において、売上を現金主義で計上している会社があります（⚠️要注意仕訳）。これは顧問税理士が月次決算に関わっている会社でも見られます。

この経理処理では、正しい月次損益の把握ができなくなり、ひいては期中の借入が難しくなるので、やめておきましょう（**仕訳例29**参照）。

また、現金主義は正しい**経常運転資金**（＝売上債権＋棚卸資産－仕入債務）も把握できなくなるのが問題です。

銀行は経常運転資金分の融資を検討する際、売掛金の動きに注

目をしています。売掛金が経常運転資金を構成する要素（売上債権）のひとつであり、その売掛金は常に変動するものだからです。

ところが、期中は現金主義で売上計上しているとなれば、売掛金の残高は期首から変わらないことになります。当然、実態とは異なりますし、銀行としても正しい経常運転資金を把握しづらくなるものです。そのような情報の不足から、銀行が運転資金の融資に消極的になることはありえます（リスクを避けるためにプロパー融資ではなく、信用保証協会の保証付き融資とすることも含めて）。

なお、融資が受けられるにしても、会社としては金額的に不十分だというケースもあるでしょう。

たとえば、期首の売掛金は300万円として売上を発生主義で計上しており、期中の売掛金は最大500万円だとします。この会社は、売掛金を500万円として、経常運転資金分の融資を受けたいところですが、期中の売上を現金主義で計上していると、売掛金は300万円（期首のまま）として、発生主義による場合に比べて200万円少ない額でしか融資を受けられない可能性があります。

季節変動による影響も含めて、多かれ少なかれ売上高は1年を通じて変動するものであり、結果、売掛金も変動します。その変動のようすを銀行に伝えるためには、期中も発生主義による経理処理が必須です。

仕訳例 48　損益計算書 売上高・売上原価

売上高その3

顧問先A社は、決算日に売上先B社に対する売上高500万円を計上した。

⚠ 要注意

売掛金 5,000,000 ／ 売上高 5,000,000

決算日の間際に多額の売上計上があった場合、気をつける必要があります。仕訳自体には問題がないとしても、取引としては問題があるかもしれないからです。今期の決算をなんとしても黒字にしたい会社が、決算翌月の売上を前倒し計上しているケースがあります。

「税務署的には今期の税額が増えるのだし、その税金も翌期で行って来いなのだから、問題なし」かといえば、もちろんそうではありません。銀行的には、粉飾決算（利益の水増し）であり、問題ありです。

「ならば、銀行に気づかれなければよいわけだし、気づかれないのではないか」と考えるかもしれませんが、それも違います。銀行は、さまざまな手段によって検証をしているものです。

たとえば、法人事業概況説明書（以下「概況書」）があります。決算がおわると、銀行は融資先に決算書の提出を求めるわけですが、その決算書一式に含まれているのが概況書です。

概況書の2ページ目には、「月別の売上高等の状況」として、

毎月の売上金額を記載する欄があります。決算翌月の売上を前倒しして計上した場合（実際の商品納品やサービス提供は決算翌月）、その記載では当然、決算翌月（翌期初月）の売上が他の月の売上に比べて極端に少なくなります。銀行は、売上の前倒しを疑うことになるでしょう。

そうであっても、銀行がそのことに気づくのは、前倒しをした翌年の決算書を確認したときであり、だいぶ先の話ではないか、と思うかもしれません。たしかにそのとおりですが、時間がたってからでも粉飾決算に銀行が気づけば、以降の融資は受けにくくなるものと考えましょう。

また、概況書以外にも、銀行が売上の前倒しを検証する手段があります。売上代金の入金です。

通常、「月末締め・翌月入金」であれば、決算月の売上代金は決算翌月に入金されることになります。ところが、売上を前倒ししている場合には、決算翌月に入金がないことから、売上入金口座の銀行であれば粉飾決算に気づくケースもあるのです。

なお、売上の前倒しではなく、事実として、決算日の間際に多額の売上が発生することもありえます。その場合、決算書に掲載される売掛金は例年よりも多額となります。銀行から粉飾決算（前倒し含む）を疑われないよう、事情を説明しておくとよいでしょう。

損益計算書　売上高・売上原価

売上高その4

顧問先A社は、決算日間際の入金300万円を売上代金の入金として売上計上した。

⚠️ 要注意

普通預金 3,000,000 ／ 売上高 3,000,000

決算をなんとしても黒字にしたい会社では、社長が大胆な策を講じることがあります。顧問先がみずから経理処理をしている場合には、なにげない仕訳であっても、税理士としてはいろいろな可能性を念頭に確認をしたほうがよいでしょう。

この⚠️要注意仕訳は、現金主義（**仕訳例47**参照）だから問題なのではありません。

なにが問題だったのかというと「架空売上」です。

実際にあったケースで、社長個人の預金口座から会社の預金口座への振込について、貸方の勘定科目を「役員借入金」とすべきところ、売上高としていた会社がありました。なんとも大胆な策ですが、実話ですので、税理士として気をつけるべきです。

架空売上が銀行に見つかれば、融資が受けられなくなるのはもちろん、税理士もまた銀行からの信用を失います（架空売上に加担する税理士、あるいは架空売上を見抜けない税理士とみなされる）。他の顧問先の件で、その銀行と関わりを持つこともありう

るので、望ましい事態ではありません。

　なお、銀行はさまざまな手段で架空売上の検証をしています。
　まずは利益率です。⚠️**要注意**仕訳の経理処理であれば、売上だけが一方的に計上され、仕入や外注費などの原価がないことから、利益率が異常に高くなることで架空売上が疑われます。
　また、自行に「社長個人の預金口座」があれば、銀行は「社長個人のお金が、会社の預金口座へ振り込まれた」という事実の確認が可能です。このとき、決算書や試算表に「役員借入金」の記載がなければ、銀行が架空売上に気づくきっかけになります。
　顧問税理士としては、先に銀行に気づかれるようなことは避けたいものです。税理士であれば、請求書や元帳などを日常的に確認できますから、利益率の異常とあわせて、取引の実在性にも目を向けられるとよいでしょう。
　顧問先を疑うなど、気持ちのよいことではないかもしれませんが、顧問先の粉飾決算を未然に止めてあげることも、税理士にできる役割です。

損益計算書 売上高・売上原価

売上高その5

顧問先A社は、70万円で仕入れた仕入先B社の商品について100万円で販売し、純額処理で売上を計上した。なお、B社とは消化仕入の契約を結んでおり、A社が在庫リスクを負う、いわゆる本人取引に該当する。

⚠ 要注意

売掛金　1,000000　／　売上高　　300,000
　　　　　　　　　／　買掛金　　700,000

👍 イチ推し

売掛金　1,000,000　／　売上高　1,000,000
仕入高　　700,000　／　買掛金　　700,000

　売上と仕入の経理処理について、「純額処理」と「総額処理」の違いに気をつける必要があります。企業会計のルールによれば総額処理とすべきところ（👍イチ推し仕訳）、純額処理としているケースがあります（⚠要注意仕訳）。

　もっとも、税金計算という観点（法人税や本則課税の消費税）でいえばどちらでもよい、という考え方もあるでしょう。売上と仕入とをそれぞれ総額で計上する総額処理も、売上と仕入の差額で計上する純額処理も、利益の額は同じになるからです。

とはいえ、総額処理とすべきところを純額処理とすれば、相対的に売上金額が過小となります。銀行には「売上＝利益の源泉」という見方があるため、売上は少ないよりも多いに越したことはありません。にもかかわらず、売上が実態よりも過小に見られるのであれば、会社にとっては損でしょう。

さらには、銀行が自社のビジネスモデルを誤認するおそれもあります。

そもそも企業会計では、売上・仕入について「本人」として取引をする場合（いわゆる本人取引）は、総額処理によるのがルールです。自社が在庫リスク（棚卸ロスを含む）を負う消化仕入が、典型例として挙げられます。

いっぽうで、自社には在庫リスクがない、値決めの裁量もないような消化仕入の場合、自社は「本人」としてではなく「代理人」として取引をしているにすぎません（いわゆる代理人取引）。このときの経理処理は、純額処理が正解です。

では、実態が「本人取引」なのに、純額処理をしていたらどうでしょう。銀行は、自社のビジネスモデルを誤認するでしょう。

銀行は、融資先のビジネスモデルに注目するものです。いうまでもなく、ビジネスモデルが事業の良し悪しの決め手であり、将来の業績を左右するものだからです。

以上のとおりですので、そのビジネスモデルを誤認されないためにも、純額処理と総額処理の違いには気をつけましょう。そういう意味では、逆に、純額処理とすべきところを総額処理とするのも問題です。

仕訳例51 損益計算書 売上高・売上原価

仕入高その1

　顧問先A社は、仕入先B社から商品50万円を仕入れた。当月末で債務は確定しているが、支払いは翌月である。

👍イチ推し

仕入高 500,000 ／ 買掛金 500,000

　仕訳例47では、売上の「期中現金主義」について述べましたが、同じように仕入の経理処理についても、期中現金主義の会社があります。決算時だけ発生主義とするのではなく、期中も発生主義で経理処理しましょう（👍イチ推し仕訳）。

　何度も繰り返すようですが、「正しい月次損益」が把握できなくなる点で、期中現金主義には問題があります。社長が経営判断を間違える可能性が高まるばかりか、銀行から運転資金の融資が受けづらくなってしまいます。

　くれぐれも、経理処理が面倒だからなどという理由で、税理士が期中現金主義を採用してはいけません。

　銀行から期中現金主義について指摘を受けたことで、顧問税理士に対する疑念が生じ、後に顧問税理士を変更した、という会社の例もありました。

　税金計算の面でいえばこの顧問税理士に非はないものの、税金の計算が正しいことなど顧問先にとってはあたりまえのことであり、社長のさらなる関心は資金繰り（≒銀行融資を十分に受けら

れるか）にこそあるといえます。決算書や試算表が不十分なため銀行融資に支障をきたすのであれば、その決算書や試算表に関与しているはずの顧問税理士に不満を持つのは自然の成り行きでしょう。税理士にとっては、顧問契約を解除されないよう、税金計算（税務会計）の視点に加えて、銀行融資（企業会計）の視点もあわせ持ちたいところです。期中現金主義から常時発生主義への移行は、その第一歩に位置づけられます。

　会計ソフトのデータ連携や、自動仕訳機能などを活用し、顧問先も税理士自身も手間を減らすことで、経理処理の面倒を解消していきましょう。面倒がなくなれば、常時発生主義への抵抗もなくなり、実現できるはずです。結果として、銀行融資にも強い試算表づくりにつながります。

損益計算書 売上高・売上原価

仕入高その２

顧問先Ａ社は、決算日間際に仕入先Ｂ社から200万円の仕入をおこなった。決算月末において債務は確定しているが、支払いは翌月である。

⚠ 要注意

仕入高 2,000,000 ／ 買掛金 2,000,000

仕入が増え、あわせて買掛金も増えているというときは、よく気をつけましょう。決算月など期末に大きな仕入があったときには、とくにです。

売上の額に対して、仕入や買掛金の額が大きくなると、銀行はいろいろ疑問を持つようになります。たとえば、「資金繰りの問題で買掛金の支払いが遅れているのではないか」「何かトラブルがあって支払いを止めているのではないか」「支払条件が変更になった（支払サイトが延びた）のではないか」といった疑問です。場合によっては、事実に反したネガティブな見方にもつながりますから、会社のほうから自主的に、銀行に対して状況説明をするのがおすすめです。

このとき、決算書とあわせて、翌期首の試算表を提示するのがよいでしょう。試算表にて期末の買掛金がたしかに決済されたことを確認してもらうためです。そのうえで、「期末にまとまった額の仕入をしましたが、期首には支払いが済んでいます」などと

説明をします。割引目的の一括仕入や、大口の売上を前にした大量仕入などであれば、一般によくあることですから、銀行も納得できるところです。

　これに対して、実は支払いが遅れているというような場合でも、やはり銀行にきちんと説明をすることが大切です。伝えるべきは、「なぜ遅れているのか」（原因）と「対応はどうなっているのか」（見通しと対策）です。このあたりが伝えられず、ただ支払いが遅れているという事実のみとなれば、銀行から不安視されることになります。これでは、受けられるはずの融資も見込めません。

　銀行は、今後も返済が続けられるかを気にしていますから、あわせて資金繰り表も提示できるとよいでしょう。資金繰り表をつくることができない中小企業は少なくありませんから、税理士にとっては支援のしどころです＊。

　なお、資金繰り予定には、銀行から融資を引き出せなかったときの代案として、保険の解約や契約者貸付の利用、遊休不動産や有価証券の売却、社長個人からの一時的な借入なども検討して、織り込みます。

＊　資金繰り表の書式や作成方法は、拙著『税理士必携 顧問先の銀行融資支援スキル 実装ハンドブック』をご参照。

損益計算書 売上高・売上原価

外注費

　顧問先A社は、取引先B社から広告物制作代（自社用ではなく、売上先用の広告物）として10万円の請求があった。

⚠️要注意

委託費 100,000 ／ 未払金 100,000

👍イチ推し

外注費 100,000 ／ 買掛金 100,000

　おもにサービス業の会社などで、変動費の性格を有する外部委託費用を、「委託費」といった勘定科目で販売管理費に区分した経理処理を見ることがあります（⚠️要注意仕訳）。売上に直接関わる費用であれば、「外注費」の勘定科目で、売上原価に区分すべきです（👍イチ推し仕訳）。

　少しでも売上総利益をよく見せよう（結果、銀行からの評価が上がる）という意図があるのかもしれませんが、実態と異なるのであれば逆効果だといえます。**仕訳例50**でも述べたとおり、銀行は、融資先のビジネスモデルに注目しているからです。本来は売上原価とすべきところを販売管理費とすれば、ビジネスモデルを誤認されるおそれがあります。

　銀行にビジネスモデルを正しく伝えるためには、図解するのが

おすすめです。ここでいう図解とは、自社にとっての仕入先や協力先、販売先、エンドユーザー（販売先とエンドユーザーは常にイコールではない）などの関係図であり、一般に「商流図」などと呼ばれます。経済産業省がWEBで提供している「ローカルベンチマークシート」に含まれる「商流把握」を利用するのもよいでしょう。

　いずれにせよ、経理処理も含めて、自社のビジネスモデルを銀行に正しく伝える努力をすることが大切です。

　ビジネスモデルは、決算書（経理処理）からだけでは把握できません（たとえばエンドユーザー）。同じ商品を売るのでも、「誰に・どのように売るか」で事業の良し悪しには差が出ます。だから、銀行はビジネスモデルに注目をするのです。

　また、ビジネスモデルを銀行が理解できないと、融資の受けにくさにつながることもあります。端的にいえば、「怪しい商売」だったら困るし、融資はできないからです。実際に、ビジネスモデルが不明瞭だとして、融資を断られた例もあります。

　前述の商流図を提示するなどして、銀行に理解を求めていきましょう。

損益計算書 販売費及び一般管理費

役員報酬その1

顧問先A社は、資金繰りが厳しいため、社長（役員報酬は月額150万円）から300万円を借り入れた。

⚠ 要注意

① 役員報酬 1,500,000 ／ 普通預金　1,000,000
　　　　　　　　　　　／ 法定福利費　140,000
　　　　　　　　　　　／ 預り金　　　360,000
② 普通預金 3,000,000 ／ 役員借入金 3,000,000

　社長に対する役員報酬を支払った（①）のちに、会社の資金繰りが厳しくなり、社長個人から借入をする（②）というケースがあります。取引自体に問題はありませんが、資金繰りの観点でいえば非効率であり、ムダにお金を失うことになります。
　なぜなら、社長が役員報酬を受け取った時点で、所得税や住民税（①の預り金）、社会保険料（①の法定福利費）などを負担しているからです。これらを負担してまで会社にお金を戻すのであれば、はじめから役員報酬を受け取らないほうがよかったともいえるでしょう。

　このようなことが起きるのは、資金繰りを考えずに役員報酬の額を決めてしまうからです。また、巷には「役員報酬はできるだ

け多く取りましょう」などといった考え方があることも影響しています。このような考え方も、資金繰りが順調であってこそです。

　少なくとも、役員借入金を増やしてまで役員報酬を増やすことにメリットはありません（役員借入金に銀行対応上のデメリットがあることは**コラム❹**参照）。

　ややもすると、利益の額を見て役員報酬の額を決めている会社もありますが、本当に見るべきは利益ではなく、資金繰りです。ここでいう資金繰りとは、銀行借入金の返済を加味することにほかなりません。借入金の返済は、税引後利益が原資ですから、利益がなくなるまで役員報酬を増やせば、借入金の返済原資もなくなります。すると、じきに資金繰りが悪くなり、社長個人からの借入を必要とすることになるのです。節税志向（利益を減らして税金を減らす）の社長の会社で起きやすい傾向があります。

　ちなみに、社長個人にもお金（貯金）がないとして、いわゆる高利貸し（≒ノンバンク）から借入をして、会社にお金を入れる社長もいます。銀行がその事実に気づけば（個人信用情報を照会することで気づく可能性がある）、危ない会社とみなされて、次回以降の融資が受けられなくなることがあります。手軽に借りられるお金ほど、銀行融資には悪影響といえます。

損益計算書 販売費及び一般管理費

役員報酬その2

顧問先A社は、役員報酬と社員への給与をあわせて300万円を支払った（社会保険料や源泉所得税などは省略）。

⚠要注意

給与　　　3,000,000 ／ 普通預金 3,000,000

👍イチ推し

役員報酬　1,000,000 ／ 普通預金 1,000,000
給与　　　2,000,000 ／ 普通預金 2,000,000

　役員報酬と社員への給与（給料・賞与）を、「給与」など1つの勘定科目にまとめて経理処理しているケースがあります（⚠**要注意**仕訳）。これでは、決算書や試算表を見ても、役員報酬の額を把握できません。
　銀行は役員報酬の額に注目しているため、その額を把握できるよう、役員報酬と社員への給与は区分して経理処理しましょう（👍**イチ推し**仕訳）。

　銀行がなぜ役員報酬に注目をしているのかというと、銀行は、単純にその会社の利益だけを見るのではなく、「利益＋役員報酬」の額でも収益力を見ているからです。つまり、利益に役員報酬を

足し戻した額を見ているということです。

　中小企業では「株主＝社長」であることが多く、役員報酬は社長の一存で決められています。社長は会社の利益を見ながら、自身の役員報酬の額を決めており、いわば役員報酬が「利益の調整弁」となっています。

　たとえば、「利益100万円、役員報酬1,000万円」の決算書と、「利益600万円、役員報酬500万円」の決算書、どちらの収益力が高いかといえば、どちらも同じだということです（利益＋役員報酬が同額）。

　なお、役員報酬が低すぎる場合、銀行は利益をそのまま見ているのではありません。仮に、役員報酬120万円（月額10万円）、利益が100万円の決算書であれば、「役員報酬が低すぎて生活できないだろう」と考えます。役員報酬は少なくとも300万円が妥当だとすれば、実態は80万円の赤字です（＝利益100万円－役員報酬不足分180万円）。

　「役員報酬が低すぎる」とは、具体的にいくらをいうのかは、銀行ごとにも異なりますし、社長の家族構成や生活環境などもふまえて、ケースバイケースになります。

　いずれにせよ、銀行が「利益＋役員報酬」を見ていることと、役員報酬の調整によって利益を増やしても無意味であることがポイントです。

仕訳例 56

損益計算書 販売費及び一般管理費

給与その1

　顧問先A社は、給料締め日から月末までの未払分50万円を費用計上した。

👍イチ推し

給料 500,000 ／ 未払費用 500,000

　毎月の社員の給料について、締め日後の金額を費用計上するための経理処理です。

　たとえば、給料の計算期間が「毎月21日〜翌月20日」であり、25日が支給日の会社があったとします。この場合、3月21日〜4月20日分の給料は4月25日の支給であり、その支給額だけを費用計上していると、4月21日〜4月30日までの費用が4月の試算表から漏れてしまうのが問題です。つまり、費用が過少となり、その分だけ利益が過大となります。

　この点、締め日後の金額を、毎月の月次決算では費用計上していないけれど、1年にいちどの本決算では費用計上している、という会社はあるでしょう。「決算書で帳尻が合っていれば十分だ」とする考え方もありますが、1年もたてば、毎月の締め日後の金額が大きく変わっていることはあるものです。実際、賃上げや人材確保（採用）はトレンドにもなっています。

　たとえば、前年の本決算では締め日後の金額が40万円であり、

今回の本決算では90万円に増えていると、決算整理の段階で50万円もの費用が突然計上されることになります。決算整理前の試算表は黒字だったのに、決算書では一転赤字になってしまったというのも、ありうる話です。一事が万事で、そういった会社の月次決算は、総じて雑であることが少なくありません。結果として、月次決算（の累積）と本決算の数字が、しばしば乖離するのです。

こうなると、銀行からは「試算表が信用できない」と見られ、試算表の業績をもとに期中の融資を受けることが難しくなってしまいます。会社としても好ましいことではないでしょう。

また、締め日後の金額が、毎月あるていど変動する場合には、締め日後の金額を費用計上しないと、正しい月次損益も把握できません。社長の経営判断にも影響するところです。

したがって、社員の給料について締め日後の金額は、毎月、経理処理することをおすすめします。この経理処理の手間を省くために、締め日を月末に変更するのもひとつの方法です。

損益計算書 販売費及び一般管理費

給与その2

顧問先A社は、決算賞与200万円の支給を決定した（支給は決算月の翌月）。

⚠ 要注意

賞与　　2,000,000 ／ 未払金 2,000,000

👍 イチ推し

決算賞与 2,000,000 ／ 未払金 2,000,000

　社員に対する賞与には、一般的な夏と冬の賞与のほか、会社の業績にもとづいて支給される臨時の決算賞与もあります。決算賞与は、決算日までに支給されたものが費用計上できるのはもちろん、決算日時点で未払いであっても一定の要件を満たせば、費用を未払計上することが可能です。ゆえに、決算直前の節税手段としても、よく利用されています。
　このとき、決算賞与を「販売費及び一般管理費」に区分して経理処理しているケースが散見されます（⚠ 要注意仕訳）。筆者も実際に、顧問税理士のいる会社の決算書でも目にしていますが、銀行対応を考えるのであればおすすめできません。
　なぜなら、賞与の金額分だけ、営業利益や経常利益が減少するため、「本業の収益力」を過小評価されるおそれがあるからです。

いっぽう、「決算賞与」などの勘定科目で、損益計算書上は「特別損失」に区分する経理処理であれば、営業利益や経常利益が減少することはありません（👍イチ推し仕訳）。事実、決算賞与はそのときどきの業績しだいで、支給の有無も異なるのですから、まさに特別な支出（特別損失）です。

　「販売費及び一般管理費」に区分するのに比べて、最終利益は変わりませんが、営業利益や経常利益は、銀行により高く評価してもらえる可能性があります。銀行は、最終利益も評価しますが、「本業の収益力」をよりあらわすものとして、営業利益や経常利益にも注目しているのです。

　その意味で、決算賞与に限らず、あらゆる費用は特別損失にできないかを検討することをおすすめします。これを小手先のテクニックだと揶揄する向きもありますが、手間を避けるための言い訳にすぎません。むしろ、テクニックひとつで融資の可能性がわずかでも高まるのであれば、顧問税理士として手間を惜しむべきではないでしょう。

仕訳例 58 損益計算書 販売費及び一般管理費

給与その3

顧問先A社は、賞与300万円を支給し、勘定科目を「給与」として経理処理した。

⚠️ 要注意

給与 3,000,000 ／ 未払金 3,000,000

👍 イチ推し

賞与 3,000,000 ／ 未払金 3,000,000

社員に対する賞与と、毎月の給料とをあわせて、「給与」など1つの勘定科目で経理処理しているケースがあります（⚠️要注意仕訳）。これでは、決算書から賞与の額を把握できません。

賞与が支給できるのは、業績が良い会社の証しでもあります（業績が悪い会社ほど、賞与を支給する余裕はない）。ですから、賞与は毎月の給与と区分をすることで、銀行にアピールするのが得策です（👍イチ推し仕訳）。

この点、「勘定科目内訳明細書を見れば、給料と賞与の内訳がわかるのでは？」と思う人もいるでしょう。

たしかにそのとおりなのですが、銀行が必ずしも、勘定科目内訳明細書を見ているとはかぎりません。そのため銀行が必ず見る

決算書で、勘定科目から区分しておくのが無難だといえます。

なお、賞与の支給にあたっては、銀行融資を受けることも検討しましょう。夏と冬の支給であれば、それぞれ、返済期間6か月の短期融資を受けることが可能です。

たとえば、総額300万円の賞与について、6か月の毎月分割返済で融資を受けると、賞与を毎月50万円で分割払いするのと同じ効果があり、その分、高い預金残高を維持しやすくなります。結果として、資金繰りの安全度が高まります。

また、銀行から見て、賞与の支払いを資金使途とする融資は、比較的リスクが小さな融資にあたります。返済期間が短く（返済期間が長いほど回収不能リスクは高まる）、賞与支給は業績が好調な証しでもあるからです。そのため、会社にとってはプロパー融資を引き出しやすいというメリットもあります（融資の申込みをするときには、プロパー融資の交渉を忘れずに）。いちどプロパー融資を受けられれば、その実績をもとに、次回以降もプロパー融資を受けられる可能性が高まります。

以上をふまえて、銀行が決算書を見るだけでも、賞与の存在・賞与の金額を把握できるように、賞与と毎月の給料とは勘定科目を区分して経理することをおすすめします。

仕訳例 59 損益計算書 販売費及び一般管理費

退職金

　顧問先A社は、役員D氏の退職にともない、退職金500万円を支給した。

⚠️ 要注意

退職金　　　5,000,000　／　普通預金　5,000,000

👍 イチ推し

役員退職金　5,000,000　／　普通預金　5,000,000

　役員に対する退職金の支給を、「販売費及び一般管理費」に区分して経理処理しているケースがあります（⚠️要注意仕訳）。

　役員の退職は毎期頻繁に起きる出来事ではありませんし、支給額も小さくはないものですから、「役員退職金」などの科目で特別損失として経理処理するのが、より実態に即しています（👍イチ推し仕訳）。

　「販売費及び一般管理費」とすれば、その分だけ営業利益や経常利益が少なくなります。営業利益や経常利益は、本業の収益力をあらわすものであり、銀行からの過小評価につながるようなら問題です。実態どおりに本業の収益力をあらわすためにも、役員退職金の経理処理は気をつける必要があります。

これは、社員に対する退職金の支給についても同様です。多くの場合、「販売費及び一般管理費」として経理処理されます。しかし、中小企業のなかには、社員に対する退職金について規程も慣習もなく、支給されること自体が稀だという会社もあります。また、実際に支給する場合、けして小さな金額ではなく、利益に与えるインパクトも小さくはない、ということもあります。そのため、社員に対する退職金も、特別損失として経理処理するのが妥当です。

　ただし、銀行から「本来なら販売費及び一般管理費とすべきところ、営業利益・経常利益の水増し目的で、むりやり特別損失としている」と誤解される可能性もあります。したがって、決算書を銀行に渡す際、退職金支給の経緯や内容について、説明ができるとベストです。

　この点、退職金の詳細を「勘定科目内訳明細書」（雑益、雑損失等の内訳書）に記載しておくことをおすすめします。退職者の氏名や住所を記載するのはもちろん、「取引の内容」欄に退職者の勤続年数などを記載しておくと、退職金額の根拠としても説得力が増すはずです。

損益計算書 販売費及び一般管理費

法定福利費

顧問先A社は、当月分の社会保険料（翌月徴収・翌月納付）について、会社負担分40万円を未払計上した。

👍イチ推し

法定福利費 400,000 ／ 未払金 400,000

　社会保険料の徴収時期（給与から天引きする時期）は原則、翌月の給与支給時です。

　3月分の保険料を4月に支給される給与から天引きすることを「翌月徴収」と呼びます。

　いっぽう、3月分の保険料を3月に支給される給与から天引きすることを「当月徴収」と呼びます。例外的な位置づけです。

　翌月徴収と当月徴収のいずれにしても、3月末の時点で、3月分の社会保険料（費用）は確定していることになります。なお、納付期限は翌月末日です（3月分の社会保険料は4月末が納付期限）。

　したがって、3月末の経理処理として、👍イチ推し仕訳が必要になります。つまり、月次決算においても本決算においても、社会保険料（会社負担分）の未払金は存在するわけです。

　にもかかわらず、試算表を見ても決算書を見ても、そのような未払金は計上されていないとなれば、どうでしょう。銀行から、利益の水増し（粉飾決算）と見られてもしかたありません。

もっとも、「社会保険料は毎月支払っているのだから、長い目で見れば利益は同じだろう」というのであれば、そのとおりです。ところが、未払金が計上されているほど、銀行はポジティブな評価をするものです。未払金が多いということは、費用を積極的に計上しているということであり、それだけ利益に自信がある会社として、銀行の目には映るのです。同じ利益であっても、未払金が多いほど、より収益力がある会社として評価されることになります。

　とはいえ、毎月、未払金の経理処理をするのも面倒であり、本決算のときだけ社会保険料の未払金を計上する会社もあるでしょう。また、社会保険料の未払金を計上することによる節税効果は１回目だけだとの理由から、そもそも現金主義（支払ったときに費用計上）で経理処理している会社も少なくありません。
　これらのような会社であったとしても、月末が土日祝日である場合には未払金を計上しましょう。正しい月次損益が把握できなくなってしまうからです（**仕訳例32**参照）。

仕訳例 61 損益計算書 販売費及び一般管理費

福利厚生費その1

顧問先Ａ社は、当月分の社会保険料30万円を未払計上した。

⚠️要注意

福利厚生費 300,000 ／ 未払金 300,000

👍イチ推し

法定福利費 300,000 ／ 未払金 300,000

　会社負担分の社会保険料について、勘定科目を「福利厚生費」として経理処理している会社があります（⚠️要注意仕訳）。「法定福利費」の勘定科目で経理処理しましょう。いうまでもなく、決算書から社会保険料の金額を把握できるようにするためです。

　銀行は社会保険料の金額に注目します。本来、社会保険に加入すべき会社が未加入状態であったり、加入していても保険料を滞納していたりしないかを確認するためです。実際に未加入であったり、滞納しているようであれば、簿外債務（社会保険料の未払）が存在することになります。

　その結果、決算書の表面上は資産超過（資産＞負債）であったとしても、簿外債務を加味したら債務超過だったというケースもありえるわけです。銀行としては、債務超過の会社になど融資し

たくはありませんし、すでに融資をしているなら早く回収しなければいけませんから、自ずと簿外債務としての社会保険料に注目することになります。

このとき、社会保険料をきちんと支払っていても、勘定科目を「福利厚生費」としていれば、銀行にはそれがわからず、未加入や滞納を疑われるかもしれません。別途、銀行に説明をしてもよいでしょうが、はじめから「法定福利費」として経理処理をしておくほうが無難です。

なお、実際に社会保険料を滞納してしまっている場合には、隠すことなく未払金を計上しましょう。

銀行からの評価が下がらないようにと、未払金の計上を避ける会社もありますが、銀行は、決算書や試算表の役員報酬や給与の額からおおよその社会保険料を計算しているため、隠していても気づかれるものです。隠していたとなれば、銀行の心証も悪くなるので逆効果といえます。

年金事務所に相談のうえ、分割払いが認められているのであれば、その点についても銀行に伝えましょう。銀行の不安をやわらげることができます。

損益計算書 販売費及び一般管理費

福利厚生費その2

顧問先Ａ社は、社員の親睦会開催費用として20万円を支出した。

👍 イチ推し

福利厚生費 200,000 ／ 普通預金 200,000

そもそも福利厚生費とは、会社が社員のために「給与以外に支出する費用」をいいます。たとえば、食事代の補助、スポーツクラブや保養所などの利用料、レクリエーションや社員旅行の費用、資格取得や勉強代の補助などです。

福利厚生費の支出は会社の任意ということであり、そのため福利厚生費の額は会社によって大小異なります。

銀行から見ると、福利厚生費の額が大きい会社ほど、利益に自信がある会社だ、となります。利益に自信があるからこそ、上記のような諸費用を負担する余裕がある、と見るわけです。

福利厚生費に限りませんが、「任意の支出」が多い会社は、損益計算書の利益以上に収益力が高いといえます。任意の支出がなければ、いっそう利益は増えるのですから、当然です。

逆に、福利厚生費をケチらねばならないような会社は、損益計算書の利益以上に、実際の状況は厳しい可能性があります。その他の支出についてもケチっている可能性が高く、ケチ行為（たと

えば、行き過ぎた照明の消灯やエアコンの制限など）で費用を抑制していない場合の実際の利益はもっと低いかもしれないからです。

　だから銀行には、任意の支出が少ない会社をネガティブに評価し、逆に任意の支出が多い会社をポジティブに評価するという見方もあるのです。

　また、福利厚生の充実が、優秀な社員の採用や、離職率の低下につながるのであれば、事業の維持・成長の可能性が高まります。銀行はそのような観点から、融資先の社員の定着率にも注目するものです。

　福利厚生費の額が大きいことは、銀行に対するアピール材料になります。福利厚生の具体的な内容、狙い、効果なども含めて、銀行にアピールしましょう。

　いっぽうで、支出の効果が不明瞭であり、説得力のある説明ができない福利厚生費は、銀行から冗費とみなされることがあるため、注意が必要です。

損益計算書 販売費及び一般管理費

交際費その1

顧問先Ａ社の社長は、友人との飲食代（情報交換の名目）として10万円を支出した。

⚠ 要注意

交際費　　　100,000　／　普通預金　　100,000

👍 イチ推し

役員報酬　1,100,000　／　普通預金　1,100,000

　交際費は冗費（ムダな費用）といわれることもあり、銀行が注視している勘定科目のひとつです。
　実際に、社長個人の私費ともいえる支出が、交際費のなかに紛れ込んでいることがあります。

　決算書にて交際費の額が多いようだと、銀行から、社長の公私混同を疑われるものです。
　このときのデメリットは、融資が受けにくくなることにとどまらず（銀行は融資が私費にあてられては困る）、融資が受けられたとしても経営者保証を求められるなど、会社から見た融資条件の悪化にまで及びます。経営者保証に関するガイドライン研究会「経営者保証に関するガイドライン」[*1]にも、経営者保証をなしに

できる要件として「資産の所有やお金のやりとりに関して、法人と経営者が明確に区分・分離されている」ことと定められています。

調査によると、新規融資に占める経営者保証なしの融資の割合は48.3％にのぼります（金融庁「民間金融機関における「経営者保証に関するガイドライン」等の活用実績（2023年度）」[*2]）。現状、会社は経営者保証なしでも融資が受けられる環境にあるといえ、にもかかわらず経営者保証を求められるのは、デメリットにほかなりません。

交際費の額が多いようであれば（社長個人の私費ともいえる支出が含まれる場合はとくに）、社長の役員報酬を増やして交際費を減らす（交際費の一部を社長のポケットマネーから支出する）ことを検討すべきです。

なお、自社の交際費の額が多いかどうかは、帝国データバンクが公表している「全国企業「交際費支出」動向調査」や、中小企業庁が公表している「中小企業実態基本調査」などを参考にするとよいでしょう。銀行もまた、融資先の数字を同業他社の数字と比べていますから、同様の視点を持つことが銀行対応には有効です。

自社の数字だけを見ていたのではわからない、見えてこないこともあります。

[*1] https://www.zenginkyo.or.jp/fileadmin/res/abstract/adr/sme/guideline.pdf
[*2] https://www.fsa.go.jp/news/r5/ginkou/20240627.html

損益計算書 販売費及び一般管理費

交際費その2

顧問先A社は、売上先B社との食事代5万円を支出した。

⚠️要注意

交際費 50,000 ／ 普通預金 50,000

👍イチ推し

会議費 50,000 ／ 普通預金 50,000

　交際費を含めた勘定科目の区分が、雑な会社があります。本来は、会議費や福利厚生費とすべきものなど、なんでもかんでも交際費として経理処理するような会社です（⚠️要注意仕訳）。

　交際費の額が多いと、銀行から社長の公私混同を疑われることは**仕訳例63**のとおりです。勘定科目の区分が雑だと、不必要に疑わしく思われてしまいます。決算書の交際費が、実態よりも過大になるからです。

　損金（税金計算上の経費）と認められるものである限り、税務署から勘定科目についてとやかくいわれることはないものです。どんな勘定科目であろうと損金は損金であり、勘定科目の違いで税額が変わることはありません。そのため、税理士もまた、勘定科目の区分が雑になっているケースがあります。顧問先の銀行融

資に関心がない税理士、関わりが薄い税理士はとくにです。

　これでは意図せず、顧問先の銀行融資を受けにくくしてしまい、結果として顧問先からの信用を失ってしまうことも考えられます。それがきっかけとなり、会社から税務顧問契約の解除を求められかねません。税理士であれば、会議費や福利厚生費は、交際費と区分して経理処理するよう肝に銘じましょう（👍イチ推し仕訳）。

　顧問先自身が経理処理するのであれば、交際費と、それ以外の勘定科目を区分する基準を伝えておくことが大切です。クラウド会計の自動仕訳機能だけでは、正しく区分できないこともあります（同じ支払先でも、交際費のケースもあれば会議費のケースもありうる）。

　そもそも、税理士が仕訳（会計ソフトに入力されている情報）だけを見たところで、交際費か会議費か、福利厚生費かの判断はできませんし、領収書を見たところで判断できません。仕訳を確認する段階で、わざわざ顧問先にたずねるのもおっくうですから、顧問先に基準にもとづき責任をもって判断（経理処理）してもらうのがベストです。

損益計算書 販売費及び一般管理費

広告宣伝費

顧問先Ａ社は、インターネットでの広告掲載費用として70万円を支出した。

⚠要注意

広告宣伝費 700,000 ／ 普通預金 700,000

　なにげない仕訳ですが、「広告宣伝費」は銀行が警戒している勘定科目のひとつだけに、注意を要します。

　銀行が警戒しているのは、ムダな支出ではないかどうかです。実際に、多額の支出をしながら効果が出ていない、そもそも効果の測定さえできていないケースが散見されます。広告宣伝費の内容と効果は、銀行に説明できるようにしておきましょう。

　広告宣伝費といっても、その内容はさまざまです。媒体（新聞、テレビ、ネット……）はなにか、ターゲット（マスか、特定市場かなど）はどこなのかなどは、説明できて当然のことです。

　効果については、いわゆるCPA（＝広告費÷獲得顧客数）、CPO（＝広告費÷注文件数）、CPR（＝広告費÷反応件数）といった指標を用いて検証できていると、銀行に対する説得力も高まります。

　そのうえで、金額推移についても確認しておきましょう。具体的には、過去３～５年ていどの広告宣伝費と売上高とを並べて、どのような傾向があるのかを確認します。

基本的には、広告宣伝費と売上高とが比例関係にあるのが自然です。ところが、売上高は減っているのに広告宣伝費は減っていない、むしろ増えているようだと、銀行からは広告宣伝の効果を疑われますし、経費削減が不十分であるとも見られます。
　では、売上高が増えていればよいかといえば、そうでもありません。売上高の増加率以上に広告宣伝費の増加率が上がっていれば、広告宣伝の効率が下がっているともいえるからです。また、効率は下がっていなくても、広告宣伝費の額自体が多いようだと、「多額の広告宣伝費をかけなければ売上高を維持できない会社」（≒商品価値には自信がない会社）との見方をされることもあります。
　ゆえに、前述のとおり、広告宣伝費の内容を銀行に伝えることが大事です。あわせて、広告宣伝に対する自社の考え方や狙いについても伝えられるとよいでしょう。広告宣伝をするために銀行融資を受けようとする会社はとくにです。そもそも銀行は、広告宣伝の効果に懐疑的であり、融資を躊躇する傾向にあります。にもかかわらず、広告宣伝の内容・効果を説明できなければ、融資を引き出すことはかないません。

　なお、広告宣伝費の対象は「不特定多数」であり、交際費の対象は「特定少数」です。この区分ができずに、ごちゃ混ぜになっている会社もあります。
　広告宣伝費も交際費も、いずれも銀行が注視をしている勘定科目ですから、実態を正しくあらわすことができるように、正しく区分できているかを確認しましょう。

仕訳例 66 旅費交通費

損益計算書 販売費及び一般管理費

顧問先A社は、社長の出張旅費として15万円を支出した。

⚠️ 要注意

旅費交通費 150,000 ／ 普通預金 150,000

　交際費、広告宣伝費、交通費は、それぞれの頭文字をとって「3K」と呼ばれます。3Kなどと注目されるのは、景気や業績に影響を受けやすい費用だからです。

　言い換えると、ムダな支出が混じりやすい費用ともいえます。業績不振ともなれば、3Kの費用が真っ先に削減されるものです。業績がよいほど、なければないでなんとかなる費用が混じっている、ということです。

　そのため、旅費交通費もまた、銀行から注目される勘定科目です。銀行はムダな支出が嫌いです。実際のところ、社長個人の私費ともいえるような宿泊費などが、旅費交通費のなかに含まれていることもありますし、過分ともいえる交通費（近距離でのタクシー料金やグリーン車料金など）が含まれていることもあります。

　そのような「冗費」について、利益が出ているときはともかく、利益が出ていないときにまで削減できないようだと、旅費交通費が悪目立ちをするものです。つまり、決算書を見たときに、旅費交通費が多すぎると見られます。銀行から旅費交通費の内容につ

いて詳細な説明を求められ、回答に窮する、ということにもなります。なかには、総勘定元帳の提示を求められるケースもあり、会社はそれを断ることはできるものの、疑われておしまいです。

　したがって、ふだんから旅費交通費の内容を確認しつつ、「旅費交通費÷売上高」の推移も確認しておきましょう。各種の「費用÷売上高」による比率分析は、銀行の標準的な視点であり、決算書分析の常套手段です。

　筆者の経験では、旅費交通費の額が多い決算書についてその内容を確認していたところ、やたらに「日当」が多いという会社がありました。その件数もさることながら（かなりの近距離でも日当を支給）、1件あたりの金額も大きく、筆者としても看過できませんでした。会社の旅費規程の定めが不適切であったことが原因で、旅費交通費の額が嵩み、日当の支給が悪目立ちしていたのです。このような場合で、銀行から旅費規程の提示を求められた経験もあります。
　顧問税理士として、税務の観点を含めて、気をつけましょう。

仕訳例 67

損益計算書 販売費及び一般管理費

水道光熱費

顧問先A社は、電気代を口座引落時に費用計上している。

⚠️ 要注意

水道光熱費 300,000 ／ 普通預金 300,000

👍 イチ推し

水道光熱費 300,000 ／ 未払金　300,000

　電気代、ガス代、水道代などを支払日に費用計上しているときの経理処理が、⚠️要注意仕訳です。

　このような現金主義による経理処理は、重要性の原則から許されるケースはあるものの（後述）、原則的には、発生主義による費用計上が正しい経理処理となります。

　たとえば、4月分の水道使用分については、4月の費用として計上すべきであり（👍イチ推し仕訳）、支払日や請求書の受領日に計上するものではない、ということです。

　したがって、請求書を見て、検針期間とそのあいだの使用量から、当月使用分の使用料を、当月の費用として計上することになります。経理処理のタイミングで請求書（検針通知）が届いていない場合には、みずから検針メーターを確認して、使用量を把握したうえで該当月の使用料を費用計上するのが、正しい経理処理

だということになるでしょう。

　とはいえ、いくら原則的に正しい経理処理であっても、このようにあまりに現実離れしているようでは、実務に耐えることができません。

　そこで、「重要性の原則」の適用を検討することになります。その水道光熱費の金額的な重要性が低かったり、毎月の金額に大きな変化がなかったりという状況であれば、支払日や請求書の受領日に費用計上することも認められる経理処理です。

　ただし、支払日に費用計上する場合でも、本来の支払日が月末であるために、実際の支払いが翌月初にズレ込んだときには、月末に未払計上する必要があります（**仕訳例32**参照）。

　また、水道代のように、検針・請求が2か月に一度というケースもあるので注意が必要です。この場合にまで支払日や請求書の受領日に全額を費用計上するのは、さすがに問題があります（せめて半額を2か月に分けて計上するべき）。

　いずれにせよ、できるだけ正しい月次損益の把握に努めましょう。工場や店舗などのように、多額の水道光熱費が発生する会社についてはとくにです。

仕訳例 68

損益計算書 販売費及び一般管理費

消耗品費

顧問先A社は、パソコン1台の購入代金20万円を支払った。

⚠ 要注意

消耗品費　200,000 ／ 普通預金 200,000

👍 イチ推し

① 器具備品　　200,000 ／ 普通預金 200,000
② 減価償却費 200,000 ／ 器具備品 200,000

　1単位あたり30万円未満の固定資産は、いわゆる「少額減価償却資産」として、全額を即時に法人税計算上の費用（損金）とすることができます。

　その取得時に、「消耗品費」や「事務用品費」などとして経理処理しているケースがあるので、気をつけましょう（⚠要注意仕訳）。銀行が重要視している「簡易キャッシュフロー」が、過小評価されてしまう可能性があります。

　そもそも**簡易キャッシュフロー**とは、「税引後利益＋減価償却費」で計算される金額であり、その会社の返済力をあらわす指標です。税金を支払ったあと残った利益（お金）に、支出をともなわない費用である減価償却費を足し戻した金額が、元金返済の元

手になることは、税理士であればすぐわかります。

　当然、簡易キャッシュフローが大きいほど、銀行からの評価は上がり、融資は受けやすくなります。ちなみに、「税引後利益＋減価償却費」の10倍が、銀行が考える融資上限の目安です。よって、理屈のうえでは、簡易キャッシュフローが増えれば、その10倍多くの融資が受けられることになります。

　ですから、「消耗品費」とするのではなく、「減価償却費」とするほうが得策です（その分、簡易キャッシュフローが大きくなるから）。仕訳では、一度、固定資産として資産計上し（**イチ推し** 仕訳①）、そのあと減価償却費を計上します（②）。

　以上について、小手先のテクニックのように思う人もいるかもしれません。しかし、簡易キャッシュフローは決算書からサッと計算される指標であり、決算書の表記ひとつで大きく変わり、結果として銀行の評価に影響を及ぼすものである以上、少しでも高い評価につながる可能性がある経理処理を選ぶべきです。

　少額減価償却資産は、合計300万円までの即時費用計上が認められていますから、経理処理の差がバカにはならないケースもあります。

仕訳例 69

損益計算書 販売費及び一般管理費

地代家賃

顧問先Ａ社は、当月分の事務所家賃40万円を支払った。

⚠ 要注意

地代家賃 400,000 ／ 普通預金 400,000

会社が不動産を借りている場合には、毎月あたりまえに発生する経理処理ですが、その金額は銀行から注視されていることを忘れてはいけません。端的にいえば、銀行は「適正な水準」かどうかを見ています。たとえば、事務所の賃料なら、その金額は、会社にとって適正な金額なのかどうかです。

ここでいう「適正」には、大きく２つの意味があります。

まずひとつの意味は、会社の収益力から見た「適正」です。

ステータスを示す（見栄を張る）ことを目的に、豪奢なオフィスビルに入居し、収益力から見て過分な賃料を支払っている会社もあります。

この点、売上高の10％を超える賃料は、過分と見られる目安になるといえます。銀行から過分と見られれば、心証も融資審査における評価も悪くなります。

もうひとつの意味は、近隣相場から見た「適正」です。

近隣の物件と比べて、相当に高い賃料を支払っている会社が散

見されます。長いあいだ同じ物件を賃借している場合など、これまで賃料交渉をすることもなく、その賃料があたりまえの金額として払い続けていることはあるものです。銀行から見て「過分な賃料」と見られる要因にもなりえます。

定期的に近隣相場をネット上の不動産情報などで確認して、近隣相場よりも自社の賃料が高ければ、家主と交渉することが大切です。

なお、中小企業では、社長や親族などに対して賃料を支払っている会社が珍しくありません。社長個人が所有する不動産を、会社が事業で利用しているケースです。

このときの賃料にも、銀行は注意の目を向けています。近隣相場と比べて、かなりの高額な賃料を支払っているケースもあるからです。銀行が会社に融資したお金が、社長個人や親族に流れているということにもなり、好ましいことではありません。結果として、融資が受けにくくなったり、経営者保証を外せないなど融資条件が悪くなったりする原因になるので、気をつけましょう。

仕訳例 70 リース料

損益計算書 販売費及び一般管理費

顧問先A社は、当月分のリース料15万円を支払った（リース期間・法定耐用年数はともに5年）。

⚠要注意

| リース料 | 150,000 / 普通預金 | 150,000 |

👍イチ推し

① リース資産　9,000,000 ／ リース債務※　9,000,000
② リース債務　　150,000 ／ 普通預金　　　150,000
③ 減価償却費　1,800,000 ／ リース資産　 1,800,000

※厳密には、リース債務の短期と長期を区分する（**仕訳例42**参照）

　いわゆる「所有権移転外ファイナンス・リース取引」の場合、中小企業は、売買処理ではなく、賃貸借処理を採用することができます（日本公認会計士協会・日本税理士会連合会・日本商工会議所・企業会計基準委員会「中小企業の会計に関する指針」[*1]、中小企業庁「中小企業の会計に関する基本要領」[*2]）。そのときの経理処理が、⚠要注意仕訳です。

　認められる経理処理ではあるものの、銀行融資の観点からは、売買処理（👍イチ推し仕訳）が望ましいといえます。簡易キャッシュフローが増えるからです。

簡易キャッシュフロー（＝税引後利益＋減価償却費）は、その会社の返済力をあらわす指標であり（**仕訳例68**参照）、銀行が注目をしています。

　リースにともなう費用の計上は、「リース料」（賃貸借処理）とする（⚠️要注意仕訳）のではなく、「減価償却費」（売買処理）とする（👍イチ推し仕訳）ほうが、簡易キャッシュフローが大きくなるので得策です[*3]。

　にもかかわらず賃貸借処理を採用する会社があるのは、経理処理の手間が少なくてラクだからであり、負債（リース債務）が増えることによる自己資本比率の低下というデメリットを避けたいからです（**仕訳例42**参照）。

　とはいえ、リース債務（未払いリース料の残高）が簿外になれば、銀行も社長も、財務状況を誤認する可能性が高まります。加えて、簡易キャッシュフローが増える効果があるのですから、売買処理の手間を惜しむべきではありません。

　ちなみに、自己資本比率の低下は、多くの場合、それほど大きなものではありません。リース資産とリース債務の両立てだからです。

　仮に、総資産1億円、自己資本比率20％の会社が、あらたに500万円のリースを組んだとき、自己資本比率は「（1億円×20％）÷（1億円＋500万円）≒19％」ですから、低下する自己資本比率は「1％にすぎない」という見方もできるでしょう。

[*1] https://jicpa.or.jp/specialized_field/files/0-0-0-2-20230510.pdf
[*2] 前掲・113頁
[*3] なお、新リース会計基準については113頁脚注をご参照

仕訳例 71

損益計算書 販売費及び一般管理費

修繕費

顧問先Ａ社は、本社（事務所）の壁紙の張替え費用として100万円を支払った。

⚠要注意

修繕費　　　1,000,000 ／ 普通預金 1,000,000

👍イチ推し

本社工事費 1,000,000 ／ 普通預金 1,000,000

　修繕にかかった費用はなんでもかんでも、勘定科目を「修繕費」として「販売費及び一般管理費」に区分している会社があります（⚠要注意仕訳）。

　特別損失として区分するほうが、より実態をあらわしているケースがあるので注意が必要です。

　たとえば、自社所有建物における原状回復のための外壁塗装、室内の壁紙や床の張替え、機械設備における数年に一度のオーバーホールなどのような「臨時的」な支出まで、「経常的」な支出であるはずの「販売費及び一般管理費」に含めていると、営業利益や経常利益は実態よりも少なく見えてしまいます。結果、社長が自社の収益力を見誤ることもあるでしょう。

また、銀行からの過小評価につながるおそれもあります。銀行は、営業利益や経常利益を「本業の収益力」（本質的・経常的な収益力）をあらわす指標として見ているからです。
　そのため、臨時的な修繕費（≠毎年決まって発生する修繕費）については、勘定科目を「本社工事費」や「特別修繕費」などとして、特別損失に区分するべきです（👍イチ推し仕訳）。
　そのうえで、決算書に付随する「勘定科目内訳明細書」には、特別損失とした修繕の内容を記載しましょう。具体的には、「雑益、雑損失等の内訳書」に、勘定科目名、取引の内容、相手先、金額を記載します。
　このとき、銀行が「特別損失」として納得できる記載（臨時的な支出と推測できる記載）であることがポイントです。逆に、銀行が特別損失として納得できないようであれば、営業利益や経常利益の水増しとも見られかねませんので、気をつけましょう。

　なお、地震や台風、大雨などの災害により所有資産が被害を受けた場合、その修繕にともなう支出もまた、臨時的な支出にあたります。勘定科目を「災害損失」などとして、特別損失に区分しましょう。

販売費及び一般管理費

仕訳例 72 | 損益計算書 販売費及び一般管理費

租税公課

顧問先Ａ社は、工場用地の取得にともなう不動産取得税150万円を支払った。

⚠ 要注意

租税公課　　　1,500,000 ／ 普通預金 1,500,000

👍 イチ推し

不動産取得費用 1,500,000 ／ 普通預金 1,500,000

　不動産を取得の際は、不動産取得税や登録免許税といった税金の支払いが必要になります。これら税金は、損金（税金計算上の費用）として経理処理することが可能です。
　このとき、勘定科目を「租税公課」として、「販売費及び一般管理費」に区分する会社があります（⚠ 要注意仕訳）。
　この点、「不動産の売買を事業とする会社」（不動産が棚卸資産となる会社）以外の会社が、本社や店舗、工場、倉庫とするために不動産を購入するときには、「特別損失」に区分しましょう。「販売費及び一般管理費」とするよりも、営業利益や経常利益が大きくなります。
　また、実際に不動産の売買をするのは稀なのですから、不動産取得税や登録免許税は「特別損失」とするほうが、より実態をあ

らわしているともいえるでしょう。
　にもかかわらず、「販売費及び一般管理費」としていると、銀行からの過小評価をまねきかねません。

　不動産の購入にともなう売買契約書や、金銭消費貸借契約書に貼付する収入印紙、不動産登記にともなう司法書士報酬などもあわせて、「不動産取得費用」といった勘定科目で「特別損失」に区分するのが、実態に合った経理処理です（👍**イチ推し**仕訳）。

　一事が万事、その他の費用についても、実態は特別損失なのに「販売費及び一般管理費」としている決算書も少なくありません。
　最終利益に違いはないとしても、銀行は最終利益だけではなく、営業利益や経常利益も評価の対象にしていますので、できるだけ「販売費及び一般管理費」を少なくできないか、特別損失にはできないかを検討しましょう。

　なお、当然ながら、特別損失だといえるだけの根拠は欠かせません。営業利益や経常利益を水増しする目的で、根拠もなく特別損失に区分している決算書も散見されますので注意が必要です。水増しを察知した銀行の心証を悪くします。

仕訳例 73　損益計算書 販売費及び一般管理費

支払報酬

　顧問先Ａ社は、売上先Ｂ社と納品した自社製品の品質をめぐり争っており、そのための弁護士費用100万円を支払った。

⚠ 要注意

訴訟費用 1,000,000 ／ 普通預金 1,000,000

👍 イチ推し

支払報酬 1,000,000 ／ 普通預金 1,000,000

　仕訳例72では、できるだけ「販売費及び一般管理費」を少なくできないか、特別損失にはできないかを検討しましょう、と述べました。ただし例外的に、たとえ実態をあらわしているとしても、あえて特別損失を避けるべきなのが「訴訟費用」です。

　たとえば、自社の商品やサービスについて、取引先やお客さまなどと争いが起きている場合、弁護士報酬をはじめ争いにともなう支出を、「訴訟費用」といった勘定科目で特別損失に区分しているケースがあります（⚠要注意仕訳）。

　これでは、決算書を見た銀行から、まず間違いなく訴訟の内容について尋ねられるでしょう。銀行にとっては、法的トラブルはネガティブな問題だからです。争いの勝算の有無にかかわらず、争っているという事実だけをもって、融資審査においてはマイナ

ス評価にはたらきます。実際に、争いの決着がつくまでは融資の検討は見送る、といった例もありました。

そこで、決着がつくまでは、争いについて銀行には伝えないことが考えられます。原則的には、銀行との情報共有が大切ではあるものの、争いに敗れたり悪影響が生じると決まったわけでもないのに、銀行を心配させる必要もないでしょう。争いの内容が民事であり、ニュースになるようなものでなければ、こちらから口にしない限り銀行に伝わることは少ないものです。

この場合、弁護士報酬をはじめ争いにともなう支出は、他の支払報酬（税理士報酬など）と一緒に、勘定科目を「支払報酬」として、「販売費及び一般管理費」に区分する経理処理が考えられます（👍イチ推し仕訳）。これであれば、訴訟費用の存在を、銀行に気づかれる可能性は低くなるはずです。

なお、争いが決着し、その後の事業や財務に影響があるとわかったときには、すみやかに、状況と対応をあわせて銀行に伝えましょう。原則的には、銀行との情報共有が大切なのであり、それを怠れば、銀行からの支援は受けにくくなるからです。

仕訳例 74 損益計算書 販売費及び一般管理費

保険料

顧問先A社は、役員を対象にした生命保険料300万円（うち損金部分は40％）を支払った。

⚠要注意

保険料　　　　1,200,000 ／ 普通預金 3,000,000
長期前払費用 1,800,000 ／

👍イチ推し

役員分保険料 1,200,000 ／ 普通預金 3,000,000
長期前払費用 1,800,000 ／

　会社が支払う保険料について、損害保険料や社員を対象にした生命保険料については、勘定科目を「保険料」として、「販売費及び一般管理費」に区分する経理処理が一般的です。また、社長など役員を対象にした生命保険料についても、同じ経理処理が一般的でしょう（⚠要注意仕訳）。

　ですが、銀行対応を考えるのであれば、勘定科目を「役員分保険料」などとして「特別損失」に区分する経理処理も検討に値します（👍イチ推し仕訳）。

典型例が、社長の退職金準備を目的とした生命保険です。保険料支払時には、保険契約の内容によって、費用計上分と資産計上分とに分かれますが、費用計上分を「特別損失」に区分することを検討します。

　多くの会社では、「販売費及び一般管理費」に区分するところですが、社長を対象とする保険料は多額に及ぶことが珍しくありません。その分、営業利益や経常利益が削られるのはデメリットです。代わりに、「特別損失」に計上することで、営業利益や経常利益が大きくなります。

　そのような経理処理は、銀行から営業利益や経常利益の水増し（特別損失に区分する根拠なし）と見られないのか、と疑問に思うかもしれません。

　この点、社長の退職金準備を目的とする保険料について、解約したときの利益は特別利益に区分すること（保険料は特別損失として対応させるのが筋）や、「保険料の金額が大きく、利益に与える影響が大きいこと」などを根拠として説明すれば、水増しとまでは見られないはずです。

　さらにいえば、いずれ解約返戻金を受け取ることを前提にした保険料でもあり（支出しておしまいの費用ではない）、そのような保険料まで「販売費及び一般管理費」とすることは、かえって事実を歪める経理処理になるものとも考えられます。

　会社本来の収益力を営業利益・経常利益であらわすのであれば、社長の退職金準備を目的とするような保険料は、「販売費及び一般管理費」から除くのが適当だということです。

仕訳例 75 損益計算書 販売費及び一般管理費

支払手数料

顧問先A社は、人材紹介会社C社に、紹介手数料150万円を支払った。

⚠️ 要注意

支払手数料 1,500,000 ／ 普通預金 1,500,000

👍 イチ推し

人材採用費 1,500,000 ／ 普通預金 1,500,000

昨今の人手不足により、人材確保にお金をかける中小企業も増えました。人材紹介会社を経由して採用した場合には、紹介手数料を支払うことになります。

このとき、勘定科目を「支払手数料」などとして、「販売費及び一般管理費」に区分する経理処理が少なくありません（⚠️要注意仕訳）。

ですが、中小企業における人材採用は毎年決まっておこなわれるものでもなく、数年に一度、久しぶりに採用するという会社も少なくないでしょう。また、紹介手数料は、採用者の年収に対して30％前後が相場であり、中小企業にとっては大きな金額でもあります。紹介手数料の支払いが利益に及ぼす影響は、決して小さくありません。

以上をふまえ、紹介手数料は「人材採用費」などとして、「特別損失」に区分する経理処理が相応といえます（👍イチ推し仕訳）。

　紹介手数料だけではなく、人材採用にともなう他の費用もあわせて、「特別損失」とできないかを検討しましょう。具体的には、採用面接・採用試験にかかる費用や、入社時の研修費用、入社式の費用、入社歓迎会の費用などが考えられます。
　それらを積み上げると、さらに金額は大きくなるものです。にもかかわらず、「販売費及び一般管理費」に区分していると、営業利益や経常利益が少なくなってしまいます。同じ費用であっても、「特別損失」に区分できる費用はないか、「特別損失」に区分できるだけの根拠がないかを、常に検討するクセをつけましょう。このクセがあるかないかで、同じ会社・同じ業績であっても、銀行からの評価が変わることはありえます。
　少しでも可能性があるかぎり、やれるだけのことはやってみる姿勢が、銀行対応では大切です。その積み重ねが、銀行融資の受けやすさにもつながります。

仕訳例 76 　損益計算書　販売費及び一般管理費

諸会費

　顧問先Ａ社は、加盟している同業者団体の年会費60万円を支払った。

⚠要注意

| 諸会費 | 600,000 | / | 普通預金 | 600,000 |

👍イチ推し

| ① 諸会費 | 50,000 | / | 諸会費引当金 | 50,000 |
| ② 諸会費引当金 | 600,000 | / | 普通預金 | 600,000 |

　加盟する同業者団体などの会費を、年会費として年払いする場合、支出時に全額を費用として経理処理しているケースがあります（⚠要注意仕訳）。すると、毎月会費を支払う場合に比べて、年払いした月の費用が大きくなるため、その月の利益が赤字になってしまうおそれが出てきます。銀行の視点において、試算表が毎月黒字のほうがよいことは、**仕訳例18**のとおりです。

　また、赤字にはならずとも、「正しい月次損益」を把握するためにも、年会費のように１年分まとめて支払うような費用は毎月にあん分をするのが、会社にとっても有益な経理処理というものです。

年払いする費用は、期首までに項目と金額を拾い出し、12か月であん分した金額を毎月、「引当金」として経理処理しましょう（👍**イチ推し**仕訳①）。そのうえで、年払いしたときには、引当金を取り崩します（②）。
　経理処理の手間は増えますが、毎月黒字にこだわるのであれば、惜しまずにかけるべき手間です。

　会費に限らず、他の費用についても、積極的に引当金を計上している会社もあります。
　たとえば、中元や歳暮の時期には、他の月に比べて交際費の金額が大きく増えるため、期首には交際費の年間予算を決めて、12か月であん分した金額を毎月引き当てることで、費用を毎月にならして計上するといった具合です（引当金と実際の支出との差額は、決算整理で調整する）。

　顧問税理士からは「経理処理が煩雑になるから」と嫌がられたものの、社長は「正しい月次損益の把握」と「毎月の黒字へのこだわり」を理由に、この税理士に納得してもらった、という例もあります。
　本来であればむしろ、税理士のほうから提案したい経理処理であり、少なくとも、煩雑さを理由に顧問先の融資の可能性をつぶすことがないようにしたいものです。
　経理処理に対する柔軟さを持ちましょう。

販売費及び一般管理費

仕訳例 77

損益計算書　販売費及び一般管理費

減価償却費その1

顧問先A社は、当月分の減価償却費として、(減価償却費の年間見込み額360万円÷12か月＝) 30万円を費用計上した。

👍イチ推し

減価償却費 300,000 ／ 器具及び備品 300,000

　減価償却費を1年にいちど、本決算のときにまとめて経理処理しているケースが散見されます。これでは、本決算で「多額の費用」が計上されるため、黒字から一転して赤字になることもあるでしょう。期中に銀行へ提出していた試算表は黒字だったのに、いざ決算書ができあがったら赤字でした、といったことは実際にあるものです。

　赤字の決算書では融資が受けにくくなるのはもちろん、銀行からは「あてにならない試算表をつくる会社」(経理処理が杜撰な会社) と見られてしまいます。結果として、期中に融資の相談をしようと試算表を提示しても、銀行からは「決算書ができてから」と断られるようになります。

　もちろん、社長が正しい月次損益を把握できなくなることも大問題です。

　減価償却費は、毎月にあん分して経理処理しましょう (👍イチ推し仕訳)。

減価償却費が多い会社では、その影響度を考えれば、減価償却費の毎月計上は絶対です。
　では、減価償却費が少ない会社では、本決算にまとめて計上すればよいかといえば、誤りです。
　銀行の見方は「一事が万事」です。たとえ少ない減価償却費であっても、毎月にあん分して計上しているのであれば、銀行は「細やかで精度が高い経理処理ができることのあらわれ」と受け止めます。少ない減価償却費でさえそうなのですから、ほかの経理処理についても同様に違いない、ということです。

　銀行の心証がよくて困ることはありません。そして銀行の心証は、経理処理で変えられる部分もあります。経理処理に関わる顧問税理士であればこそ、銀行の心証も考慮した経理処理を提案したいところです。
　減価償却費は期末になってから計算するのではなく、期首までには計算をすませて、12か月であん分した金額を、毎月末の仕訳として12か月分、会計ソフトに登録してしまうのがよいでしょう。

仕訳例 78

損益計算書 販売費及び一般管理費

減価償却費その2

顧問先Ａ社は決算にあたり、器具及び備品の減価償却費120万円を費用計上した。なお、法人税法上の償却限度額は360万円であるが、赤字回避を目的に120万円としている。

⚠ 要注意

減価償却費 1,200,000 ／ 器具及び備品 1,200,000

👍 イチ推し

減価償却費 3,600,000 ／ 器具及び備品 3,600,000※
※実際には、毎月30万円を見込み計上（**仕訳例77**参照）

仕訳例77と同じ仕訳ではありますが、**仕訳例77**が月次決算を対象にしていたのに対して、ここでは本決算を対象にしています。

本来計上すべき減価償却費を計上しないのは、利益を水増しする常套手段です。銀行から見れば粉飾決算となり、融資が受けにくくなりますから、きちんと計上しましょう（👍イチ推し仕訳）。

この場合の「きちんと」とは、法人税法上の限度額をいいます。法定耐用年数にもとづいて計算した減価償却費を満額、費用に計上するということです。

減価償却費をまったく計上しないケースだけではなく、限度額に満たない減価償却費を計上するケースもまた（⚠要注意仕

訳)、銀行から見れば粉飾決算にあたるからです。

　この点、限度額に満たないかどうかなど、銀行にはわからないだろうと考える税理士もいるようです。しかし、銀行は「別表十六」を確認することで、償却不足額を把握していますし、不足額分だけ利益を減額して評価しているのです。銀行から何もいわれないとしても、粉飾決算は見抜かれているものと考えたほうが賢明です。

　ところで、繰越欠損金が期限切れになる場合にはどうしたらよいのか、という疑問があります。

　基本的には、たとえ赤字でも限度額まで減価償却費を計上すべきですが、繰越欠損金が期限切れになると、その分、法人税を過大に納付することとなり、資金繰りにも悪影響です。

　この場合には、銀行にも説明をしたうえで、減価償却費の満額計上を見送ります。

　説明にあたっては、税理士の署名を要する日本税理士会連合会「「中小企業の会計に関する指針」の適用に関するチェックリスト」*を決算書に添付するのがおすすめです。本チェックリストへの回答は「YES」が原則ですが、No.24の「減価償却は経営状況などにより任意に行うことなく、継続して規則的な償却が行われているか。」については「NO」と回答をしたうえで、末尾の所見欄には「繰越欠損金を有効活用するため」などと記載します。

　銀行から粉飾決算と誤解されないよう、顧問税理士としてできることを行いましょう。

---

* https://www.nichizeiren.or.jp/wp-content/uploads/doc/cpta/business/tyushoushien/indicator/youryouchecklist150325-2.pdf

仕訳例 79

損益計算書 販売費及び一般管理費

減価償却費その３

顧問先Ａ社は、機械設備の取得にともなう減価償却費として、普通償却費250万円、特別償却費300万円を費用計上した。

⚠️ 要注意

減価償却費 5,500,000 ／ 機械設備 5,500,000

👍 イチ推し

減価償却費 2,500,000 ／ 機械設備 5,500,000
特別償却費 3,000,000 ／

　減価償却については、固定資産を取得した年に、償却額を上乗せできる「特別償却」の制度があります（おもなところでは中小企業投資促進税制）。
　このときの特別償却費を、「減価償却費」の勘定科目で、「販売費及び一般管理費」に区分して経理処理する会社がほとんどです（⚠️要注意仕訳）。
　税務署に提出する決算書としては問題ありませんが、銀行にも決算書を提出するのであれば、特別償却費は「特別損失」に区分して経理処理しましょう。通常の減価償却費とは別にする、ということです（👍イチ推し仕訳）。これにより、特別損失に区分した分だけ、営業利益や経常利益の額が大きくなります。会社の

収益力に対する、銀行の評価が上がります。

　特別償却費は文字どおり、特別で臨時的な費用（翌期以降に発生することがない費用）なのですから、実態から見ても「特別損失」に区分するのが妥当といえます。

　特別償却費は金額が大きいだけに、営業利益や経常利益の額もまた大きく変わることがあるものです。最終利益は同じであっても、経理処理しだいで、決算書の「見た目」には違いが出ますし、ひいては銀行の評価にも違いが生じる可能性があります。

　もちろん、銀行は決算書の「見た目」だけで判断しているわけではありません。特別損失にしなくても、別表などから特別償却費を把握して、考慮してくれる場合もありますが、確実ではありません。経理処理を通じて、見た目にもこだわるのは大事なことです。

　特別償却の提案はできても、銀行融資まで考慮した仕訳を提案できる税理士はそれほど多くありません。税金を減らしつつも（利益を減らしつつも）、銀行からの評価を上げることはできないか、という視点をもちましょう。

損益計算書 販売費及び一般管理費

減価償却費その4

　顧問先Ａ社は、特別償却額300万円を、剰余金処分による「特別償却準備金」（取崩期間5年）として経理処理した。

👍イチ推し

① 繰越利益剰余金 3,000,000 ／ 特別償却準備金 3,000,000
② 特別償却準備金　600,000 ／ 繰越利益剰余金　600,000

　仕訳例79では、決算書の「見た目」をよくする手段として、特別償却費を「特別損失」として区分する経理処理を紹介しました。
　とはいえ、損失は損失であり、最終利益（当期純利益）が影響を受けることに変わりはありません。多額の特別償却費を計上したことで、最終利益が赤字になってしまった……というケースがあるでしょう。
　最終利益も銀行の評価対象ですから、赤字の回避を検討する必要があります。
　回避する手段として、剰余金処分（準備金の積立て）による経理処理があります。損益計算書の利益は減らさずに、税金計算上は特別償却費を費用（損金）とすることができます。納税額は変わらないのに、決算書の「見た目」は**仕訳例79**よりもさらによくなります。

194　Chapter3 損益計算書

にもかかわらず、剰余金処分による経理処理を目にすることはほとんどありません。手間がかかる（ように思える）ためでしょう。

　まず、対象の固定資産を取得した年には、繰越利益剰余金を減らして「特別償却準備金」を積み立てます（👍**イチ推し**仕訳①）。加えて、別表四にて同額を減算処理し、別表五にて留保項目（一時差異の発生）としての記載が必要です。

　そのうえで、翌年以降は、固定資産の耐用年数に応じて（法定耐用年数が10年以上のものは７年、法定耐用年数が５年以上10年未満のものは５年、法定耐用年数が５年未満のものは法定耐用年数で）、特別償却準備金の取崩しをしていきます（👍**イチ推し**仕訳②）。この際、特別償却準備金を計上したときとは逆に、別表四にて加算処理、加えて、別表五にて留保項目（一時差異の解消）としての記載が必要です。

　以上のとおりですので、一見すると手間は大きく見えますが、税金の専門家である税理士にとっては造作もないところでしょう。別表処理こそ税理士の持ち場であり、手間を惜しむところではありません。

　特別償却の金額や最終利益の金額によっては、決算書に与える影響を考慮し、剰余金処分による経理処理も提案できるようにしましょう。

仕訳例 81 損益計算書 販売費及び一般管理費

研究開発費

顧問先Ａ社は、新製品の研究・開発に関する費用として70万円を支出した。

👍 イチ推し

研究開発費 700,000 ／ **普通預金** 700,000

「研究開発費」と聞くと、中小企業には馴染みがない、大企業向けの勘定科目、というイメージがあるかもしれません。実際にはむしろ、中小企業にこそ必要な勘定科目といってよいでしょう。

そもそも研究開発費とは、文字どおり、研究や開発に要した支出全般（人件費、材料費、設備関連費など）をいいます。**仕訳例 27** の「開発費」とは、似て非なるものです（ひとつのイメージとして、開発費はマーケティング寄り、研究開発費はものづくり寄り）。

なお、研究開発費は、一部の製造原価に算入されるものを除き、発生時の期間費用（税法上も損金）となります。

研究開発の具体例としては、あたらしい製品やサービスをつくるための調査や試作、製品の製造方法やサービス提供方法の改良などが挙げられます。いうなれば、付加価値向上を目指す取組みであり、研究開発費の支出は取組みの証しです。

決算書や試算表に、「研究開発費」と記載されていることで、銀行に対して「付加価値向上への努力を怠らない会社」というアピールになります（👍イチ推し仕訳）。

　そこで、他の勘定科目で経理処理している取引のなかに、「研究開発費」に振り替えられるものがないかを検討しましょう。

　たとえば、「消耗品費」とされているのでは研究開発に取り組んでいることはわかりませんが、「研究開発費」に振り替えることで取組みの事実が明らかになります。

　最近では、物価高騰・人件費高騰により、大企業では価格転嫁（値上げ）が相次ぎました。いっぽうで、中小企業の価格転嫁は遅れていると耳にするところです。大企業に比べて資本力で劣る中小企業こそ、価格転嫁は必須です。

　とはいえ、ただ価格転嫁をするだけでは、客離れを招く可能性もありますから、研究開発などにより付加価値向上をはかることで、お客さまの理解を得ながら価格転嫁を進めるのがベストでしょう。そこは銀行もわかっているので、研究開発費の支出が銀行の安心材料となり、銀行へのアピールにもなるのです。

　銀行対応を考えると、費用でありさえすれば勘定科目はなんでもいい、というものではありません。

損益計算書 販売費及び一般管理費

貸倒引当金

　顧問先A社は、決算にあたり、(「一括評価金銭債権×法定繰入率」にもとづき計算した金額として) 貸倒引当金15万円を繰り入れた。

👍イチ推し

貸倒引当金繰入 150,000 ／ 貸倒引当金 150,000

　見てのとおり、ありきたりの仕訳ですが、この仕訳がなされていない決算書はあります。

　売掛金や貸付金といった債権があれば、貸倒引当金を計上するのが企業会計の考え方です。

　銀行もまた、この考え方にもとづき決算書を見ています。したがって、決算書にあるべき貸倒引当金がないと、粉飾決算（利益の水増し、簿外負債）を疑われてしまいます。

　そもそも貸倒引当金を計上しないという会社は、決して少なくありません。これは決算書の作成に顧問税理士が関与している会社でも同様です。

　なかには、「赤字のときには計上しない」（これ以上費用を増やしても納税額は変わらない）と考える税理士もいます。赤字であろうと黒字であろうと、計上すべき貸倒引当金は計上するのが企業会計の考え方ですから、税金計算とは関係なく、貸倒引当金は

計上すべきです。

　また、少額であることを理由に、貸倒引当金の計上を見送る税理士がいます。聞けば、「貸倒引当金の別表をつくるのは面倒だから」ということです。
　たしかに、重要性の観点から見ても、少額の貸倒引当金は計上しないとの判断はあるでしょう。
　ですが、対銀行という観点では、少額だからこそ計上することをおすすめします。少額でさえ費用計上・負債計上するという決算書を通じて、経理処理の精緻さを、銀行に印象づける効果が期待できるからです。

　なお、銀行は**法定限度額**（＝一括評価金銭債権×法定繰入率）まで貸倒引当金が計上されているか、別表を見て検証しています。あわせて、注記表に貸倒引当金の計上基準（「債権の貸倒れによる損失に備えるため、一般債権について法人税法の規定に基づく法定繰入率により計上しています」など）が記載されているかの確認をしています。
　なかには、計上を限度額未満とすることで利益の水増しをはかる会社がありますが、銀行にはあっさりと見抜かれるものです。
　結果、粉飾決算をする会社とのレッテルを貼られ、自社に対する銀行の心証も悪くなります。これでは、なにごとにおいても疑われやすくなるというものです。

仕訳例 83 　損益計算書　販売費及び一般管理費

雑　費

　顧問先A社は、ネットバンキング利用料5,000円について、勘定科目を「雑費」として経理処理した。

⚠️ 要注意

雑費 5,000 ／ 普通預金 5,000

　雑費は、「販売費及び一般管理費」に区分される勘定科目です。1取引における金額が少額であり、取引の頻度が低い支出であり、ほかの勘定科目に当てはまらないケースに限られ、積極的に使用すべき勘定科目ではありません（⚠️要注意仕訳）。通常であれば、決算書や試算表に記載される雑費は、少額であるはずです。
　ところが、多額の雑費が記載されているという会社もあります（1取引の金額は少額でも、取引が積み重なれば……）。
　このとき、銀行が考えるのは「使途不明金が含まれているのではないか」ということです。
　使途不明金とは、どのような経緯・理由であれ、使いみちがわからない支出であり、杜撰な経理処理のあらわれだといえます。
　あるいは、使いみちはわかっていても、それが社長個人の私費であり、本来は会社の経費ではない場合にも、雑費として経理処理されていることがあります。これは脱税です。
　いずれにせよ、銀行からしてみれば「融資したお金が、そのようなことに使われるのでは困る」のであって、雑費を注視してい

ます。雑費が多額になるほど、融資が受けにくくなる可能性が高まります。

　さらに、雑費が多額になることで、経営者保証に影響する可能性もあります。
　「経営者保証に関するガイドライン」（前掲・160頁）によれば、経営者保証をなしにできる要件として、「財務状況の正確な把握、適時適切な情報開示等による経営の透明性確保」と定められているからです。
　使途不明金は、まさに財務状況の正確な把握や経営の透明性を歪めるものであり、経営者保証の解除を難しくするものです。融資が受けられたとしても、融資条件が悪くなるおそれがあります。

　以上をふまえて、どのような支出も勘定科目を「雑費」とはしない、という経理処理がおすすめです。
　筆者が知る限り、雑費としなければならない支出は存在しません。ほかに適当で具体的な勘定科目があるはずです。たとえば、冒頭の仕訳例「ネットバンキング利用料」であれば、「支払手数料」または「通信費」という勘定科目が候補として挙げられます。

❼ 車両関連費と旅費交通費を区分する

　旅費交通費のなかに、車両（自動車）関連の費用が含まれていることがあります。具体的には、ガソリン代、ETC料金、自動車税、自動車保険料、車検代などです。

　これら費用は「車両関連費」などとして、旅費交通費とは区分するのがおすすめです。

　区分することで、車両を所有し続けることでかかるコストが明確になります。あわせて、それ以外にかかる旅費交通費も明確になります。

　区分により、車両を所有し続けるかどうかの判断材料になるというメリットもあります。

　仮に、営業車両を1台所有し続けるのに年間70万円かかるとします（車両関連費＝70万円）。この代わりに電車やバス、タクシーなどで代替できないのか、代替したときのコストは70万円と比べてどうなのかを検討した結果、代替できるし、コストもだいぶ安いとなれば、車両の所有をやめてコスト削減をはかることが可能です。

　いっぽう、車両関連費と旅費交通費を区分していないと、車両を所有し続けるのにどれだけのコストがかかっているかがわからず（コスト意識が欠如しやすい）、車両の所有をやめるという判断の機会も得られず、結果として、削減できるはずのコストを垂れ流してしまうことはありえます。

　いまは交通手段も多様化し、利便性も高まっていますから、本当に車両が必要かどうかを検討してみるとよいでしょう。そのために、経理処理（勘定科目）を見直すことも有効です。

コラム❽ 地代家賃とリース料を区分する

　不動産を借りている場合に支払う賃料（地代家賃）を、リース料などとあわせて、「賃借料」など１つの勘定科目で経理処理しているケースがあります。

　結論からいうと、地代家賃とリース料はそれぞれ単独の勘定科目で区分しましょう。いずれも銀行が関心を持っている勘定科目だからです。

　地代家賃は、費用のなかでも占める割合が大きくなる傾向があり、場合によっては過分な賃料を支払っているケースもあることから（**仕訳例69**参照）、関心の対象になっています。業績が悪い会社であればとくに、地代家賃がコスト削減の筆頭に挙がることもあるでしょう。

　いっぽう、リース料は、簿外債務が関心の対象です。未払いのリース料は債務でありながら、簿外となっていることから、その金額を把握したいとも銀行は考えています（**仕訳例70**参照）。したがって、どれくらいのリース料なのか、リース料の内容は何なのかを把握するためにも、地代家賃と区分すべきです。

　これは、自社の財務状況を知るべき社長にとっても同じことだといえます。地代家賃とリース料とを区分せず１つの勘定科目で経理処理していると、状況の把握（地代家賃とリース料の内訳は？）に手間取ったり、意思決定（地代家賃の交渉、リース物件の見直しなど）のきっかけを逃してしまうことにもなりかねません。

　勘定科目を細かく分けすぎるのも問題ですが、社長の意思決定に関わる項目については、勘定科目の細分化も検討しましょう。このとき、「財務状況の分析」という目を持つ、銀行の視点が役立つものです。

損益計算書 営業外収益

雑収入その1

　顧問先Ａ社は、生命保険の解約返戻金500万円を受け取った（うち300万円は資産計上分の取崩し）。

⚠要注意

普通預金 5,000,000	/	長期前払費用	3,000,000
	/	雑収入	2,000,000

👍イチ推し

普通預金 5,000,000	/	長期前払費用	3,000,000
	/	保険解約益	2,000,000

　会社で契約している保険を解約した際に生じる利益（保険解約益）について、勘定科目を「雑収入」などとして、「営業外収益」に区分する経理処理をしているケースがあります（⚠要注意仕訳）。

　営業外収益とは、会社が本業の活動以外で「経常的」に得ている収益であり、保険の解約という行為は「経常的」とはいえませんから、営業外収益とするには無理があるでしょう。

　したがって、正しくは、勘定科目を「保険解約益」などとして、「特別利益」に区分します（👍イチ推し仕訳）。

それでもあえて営業外収益にしたがるのは、「少しでも経常利益をよく見せたい」（特別利益にすると、その分だけ経常利益が少なくなる）という思惑があるからです。

　銀行もそのあたりはわかっていますから、保険解約益は特別利益とみなして、経常利益を評価します。

　銀行にわからないよう、「保険解約益」など具体的な勘定科目ではなく、「雑収入」とすればよいと考える税理士もいますが、無駄でしょう。銀行は「勘定科目内訳明細書」を見て、雑収入の内容を確認しています。ですので、本来なら特別利益とすべきものを営業外収益として経理処理したところで効果はなく、むしろ「姑息なことをする会社」として、銀行の心証を悪くすることさえあるものです。

　なお、多額の繰越欠損金が残っていると、取引銀行から保険の解約をすすめられることがあります。保険解約益と繰越欠損金を相殺するためです。これにより、解約益に対する税金を気にせずに、会社は手元資金を増やすことができ、銀行としては返済財源を確保できることになります。

　ことほどさように、銀行は繰越欠損金の期限切れを話題にするものですので、会社のほうから自主的に、繰越欠損金の解消計画（利益計画）を銀行に提示できるとよいでしょう。銀行にいわれるがまま、保険を解約することで、保険本来の目的（保障）を失っているようでは困ったものです。

損益計算書 営業外収益

雑収入その2

顧問先A社は、食品加工機械（簿価100万円）を300万円で売却した。

⚠️ 要注意

普通預金 3,000,000	／ 機械装置	1,000,000
	／ 雑収入	2,000,000

👍 イチ推し

普通預金 3,000,000	／ 機械装置	1,000,000
	／ 固定資産売却益	2,000,000

　基本的な考え方は、**仕訳例84**と同じです。経常利益の水増しを目的に、固定資産売却益を「雑収入」として経理処理するケースがあります（⚠️ 要注意仕訳）。

　固定資産の売却もまた、保険の解約と同様、「経常的」な行為ではありませんので、勘定科目を「固定資産売却益」として「特別利益」に区分するのが正しい経理処理です。

　さて、固定資産の売却については、銀行に対するアピール材料になることがポイントです。固定資産の売却によって、手元のお金が増えるからです。銀行にとって、お金が増えるのは安心なこ

とであり、望ましいことです。

「固定資産を売却したことで、資金繰りが改善されました」とのアピールにもなります。

資金繰り表もあわせて提示するとなお効果的です。改善の効果を金額で、より具体的に示すことができます。不動産の売却であれば金額も大きく、インパクトも大きいというものです。

この点、売却益は「あくまで特別利益」として、一時的・臨時的な利益としての評価をされるにすぎませんが、売却額たるお金（資金繰り）の効果はその後にも及びます。

資金繰りの効果については、しっかりアピールしたいところです。資金繰り表を作成する手間を惜しんではいけません。

特別利益に対する評価を、単なる特別利益でおわらせるか、資金繰り改善まで視野に入れた財務戦略との評価を得るかは、会社のアピールしだいでもあります。

銀行と長期的によい関係を継続するためにも、後者の評価を狙いたいものです。財務を戦略的に考えられる中小企業は少数であり、銀行からは一目置かれます。

仕訳例 86 損益計算書 営業外費用

受取家賃

顧問先Ａ社は、借上げ社宅の家賃10万円を支払い、社宅利用者から家賃５万円を受け取った。

⚠️ 要注意

① 地代家賃 100,000 ／ 普通預金 100,000
② 普通預金 50,000 ／ 受取家賃 50,000

👍 イチ推し

① 支払家賃 100,000 ／ 普通預金 100,000
② 普通預金 50,000 ／ 受取家賃 50,000

家賃について、受取りと支払いの両方が発生するケースがあります。わりとよく見られるのが、借上げ社宅です。

このとき、支払う家賃を「販売費及び一般管理費」に区分し（⚠️要注意仕訳①）、いっぽうで社宅利用者から受け取る家賃を「営業外収益」に区分する（⚠️要注意仕訳②）、という経理処理をしている会社があります。税務的には問題ありませんが、銀行対応を考えると問題です。

この仕訳の問題点は、支払う家賃を「営業外費用」に区分する経理処理（👍イチ推し仕訳①）と比べればわかります。支払う

家賃を「販売費及び一般管理費」に区分すると、「営業外費用」に区分するよりも、支払う家賃の分だけ「営業利益」が少なくなってしまうのです。銀行が営業利益「も」評価することは、これまで繰り返しお伝えをしてきたとおりです。

筆者は、支払う家賃を「営業外費用」に区分している決算書に、ほとんどお目にかかったことがありません。多くの税理士が銀行対応までは考えていないこと（税金計算が正しければよいと考えていること）のあらわれといえます。

営業外収益（受取家賃）にともない発生する費用（支払家賃）を、営業外費用として対応させるのは、理にかなった経理処理であり、銀行の納得も得られる経理処理です。

似たような考え（営業利益を減らさない）として、受け取る家賃を「支払家賃（あるいは地代家賃）」と相殺する（逆仕訳を起こす）経理処理もありえます。ただし、消費税の課税売上割合が過大になる（非課税売上が過小になる）といったミスも起きうるため、おすすめできません。

なお、社宅以外にも、自社が借りている物件を又貸ししているケースなども同様です。

支払う賃料によっては、営業利益に与える影響も少なくないので、営業外収益と営業外費用との対応を忘れないようにしましょう。

仕訳例 87 損益計算書 営業外費用

支払利息

　顧問先A社は、保証付き融資（返済期間5年）にともない、信用保証協会への信用保証料60万円を支払った。支払時に全額資産計上の後、返済期間に応じて、毎月費用に振り替えている。

⚠️ 要注意

① 長期前払費用※　600,000 ／ 普通預金　　600,000
② 支払手数料　　　 10,000 ／ 長期前払費用　10,000

※厳密には、前払費用（1年以内分）と長期前払費用（1年超分）とに区分

👍 イチ推し

① 長期前払費用　600,000 ／ 普通預金　　600,000
② 支払保証料　　 10,000 ／ 長期前払費用　10,000

　信用保証協会の保証付き融資を受ける際、会社は信用保証料の支払いが必要です。支払方法は一括前払いが基本であり、支払時には全額を費用とするのではなく、「長期前払費用」などの勘定科目で資産計上します（⚠️要注意仕訳①）。そのうえで、期間の経過に応じて費用に振り替えることは、税理士であれば当然の経理処理でしょう。
　問題は、振替先の勘定科目です。「支払手数料」としている決算書が散見されますが（⚠️要注意仕訳②）、おすすめできません。

そもそも、信用保証料を支払利息とは区別する目的で、「支払手数料」の勘定科目が使われているという経緯があります。
　たしかに、信用保証料を支払利息と一緒にしてしまう（「支払利息」の勘定科目で一括りにする）と、決算書からは支払利息の額がわからず、ひいては平均借入金利などの指標を正しく計算できなくなってしまいます（**コラム❾**参照）。

　ところが、会計ソフトにおける「支払手数料」の標準設定は「販売費及び一般管理費」である点に問題があります。信用保証料は性質上、「営業外費用」に区分すべきものです。にもかかわらず、長期前払費用を「支払手数料」に振り替えると、営業利益は実態よりも過小になってしまいます。

　これを避けるためには、「営業外費用」の区分に「支払保証料」という勘定科目を設けることです。そのうえで、長期前払費用を「支払保証料」に振り替えれば（👍イチ推し仕訳②）、信用保証料は支払利息と区分されますし、営業利益が過小になることもありません。
　中小企業にあっては、借入全体に占める「信用保証協会の保証付き融資」の割合が多く、信用保証料の支払いも大きな金額になる（利益に与えるインパクトが大きい）こともあります。実態をより正しく示す仕訳、より正しく示す勘定科目を、顧問先に提案しましょう。

⑨ 支払利息を３つの指標で分析する

　支払利息について、銀行対応の観点から「３つの指標」を押さえましょう。

　１つ目は、「平均借入金利」です。算式であらわすと、

> 平均借入金利＝
> 支払利息÷{(期首借入金残高＋期末借入金残高)÷２}

となります。これにより、その会社の「借入金利がどれくらいか」を推測できるため、銀行が確認している指標でもあります。
　この数値が「巷の銀行融資金利」よりもだいぶ高いようだと（日本銀行が公表している貸出約定平均金利が参考になる）、銀行は「高利貸しから借りているのではないか？」「他行からの評価が低いのではなないか？」といった疑いを抱くものです。
　したがって、平均借入金利の値が高いようなら、会社のほうから経緯・理由を銀行に説明できるとよいでしょう。
　ちなみに、信用保証料を「支払利息」の勘定科目に含めていると、平均借入金利が実態よりも過大になります（**仕訳例87**参照）。

　２つ目は、「インタレスト・カバレッジ・レシオ」です。算式であらわすと、

> インタレスト・カバレッジ・レシオ＝
> (営業利益＋受取利息＋受取配当金)÷支払利息

となります。受取利息と受取配当金がないものとすれば、意味す

るところは「営業利益は支払利息の何倍か」です。

結論としては、「1倍以上」が必須と考えましょう。

逆に、1倍未満では「営業利益＜支払利息」を意味します。営業利益で利息の支払いがまかなえないなど、大問題です。銀行が融資を躊躇する理由にもなります。

今後は融資金利の上昇（支払利息の増加）が見込まれているため、重要度が高まるであろう指標です。以上をふまえて、3倍以上を目標にしましょう。

3つ目は「実質金利」です。算式であらわすと、

実質金利＝
（支払利息－預金利息）÷（借入金残高－預金残高）

となります。

この実質金利を、取引銀行ごとに計算してみましょう。同じ融資金利であっても、たくさんの預金をあずけている銀行ほど、実質金利は高くなります（銀行が儲かっている）。銀行にとって、預金分の融資残高は融資していないのと同じだからです。

銀行は必ず、実質金利を計算しています。会社もまた実質金利を計算することで、戦略的な金利交渉ができるようになります。表面的には同じ金利であったとしても、実質金利が高い銀行に交渉するほうが、融資金利を引き下げやすいからです。

仕訳例 88 損益計算書 特別損失

固定資産売却損

顧問先Ａ社は、未利用の土地（簿価1,500万円）を1,000万円で売却した。

👍 イチ推し

普通預金	10,000,000	／ 土地	15,000,000
固定資産売却損	5,000,000	／	

　固定資産の売却「益」について、銀行に対するアピール材料になることは前述しました（**仕訳例85**参照）。この点、益のみならず「損」であったとしても、アピール材料になります。

　損というとネガティブに聞こえますし、実際、固定資産売却損は「特別損失」として、当期の利益にマイナスの影響を及ぼすものです。

　しかし、そのいっぽうで、固定資産の売却は「収入」をともなうものであることから、資金面ではプラスの影響があります。売却代金という、直接的な収入だけではありません。不動産を売却すれば、その後の維持コストが減るのも、間接的な収入といってよいでしょう。

　したがって、固定資産売却損があれば、売却にいたった経緯や、その後の効果もふまえて銀行に説明をすることが大切です。特別損失を、ただの特別損失でおわらせないようにしましょう。

似たところでは、固定資産除却損があります。同じ特別損失ですが、売却損のように直接的な収入はありません。ですが、固定資産がなくなることで、やはり維持コストがなくなるという間接的な収入をアピールできます。
　また、棚卸資産廃棄損なども、間接的な収入を見込める点は同様です。棚卸資産を保有することで、管理コストが発生します。その棚卸資産を廃棄すれば、管理コストがなくなるのは、これまた間接的な収入だといえるでしょう。

　以上をふまえて、特別損失の計上も積極的に検討すべきですが、いっぽうで、くれぐれも債務超過に陥らないよう、気をつけなければなりません。
　特別損失を計上することで利益が減り、税引後利益がマイナスになることはあります。そのマイナスは利益剰余金を減少させることになり、ひいては純資産がマイナス、つまり債務超過になりうることです。
　債務超過は銀行が忌み嫌う状態のひとつですから、いくら特別損失がアピール材料になるとはいっても、避けるべきです。
　特別損失を計上するにあたっては、純資産への影響もあわせて計上するタイミングも考えましょう。

仕訳例 89 損益計算書 特別損失

店舗閉鎖費用

顧問先A社は、店舗の1つを閉店するのにともない発生した費用・損失200万円について、勘定科目を「雑費」として経理処理した。

⚠要注意

雑費　　　　　2,000,000 ／ 普通預金 2,000,000

👍イチ推し

店舗閉鎖費用 2,000,000 ／ 普通預金 2,000,000

　店舗を閉めるときには、いろいろとお金がかかるものです。具体的には、賃貸契約の早期解約にともなう違約金、内装や設備の撤去や在庫の廃棄にともなう費用のほか、社員の解雇予告手当や退職金なども発生します。

　それらを「雑費」やその他の勘定科目で「販売費及び一般管理費」として経理処理しているケースがあります（⚠要注意仕訳）。

　店舗を閉めるのは特別なことであり、金額も多額に及ぶことから、「店舗閉鎖費用」などの勘定科目で「特別損失」として経理処理するのが妥当です（👍イチ推し仕訳）。

　結果、「販売費及び一般管理費」として経理処理するのに比べ

216　Chapter3 損益計算書

て営業利益は大きくなり、より正確に実態をあらわすことができます。

　これは、店舗閉鎖費用を「雑損失」などとして「営業外費用」に区分している場合も同様です。「特別損失」とするほうが、経常利益は大きくなります。

　なお、店舗閉鎖費用は「損失」であり、ネガティブな一面がありますが、いっぽうで経営改善・財務改善というポジティブな一面もあり、そこは銀行に対するアピール材料です。「不採算の店舗を閉めることで、その分の赤字が減り、会社全体としては今後、財務改善効果が見込める」といった話を伝えられるとよいでしょう。

　店舗を閉めるほかにも、不採算の事業から撤退するときの費用などは勘定科目を「事業撤退費用」として、新規出店にともなう費用などは「新規出店費用」として、「特別損失」に区分することが考えられます。

　それらの費用も「販売費及び一般管理費」や「営業外費用」としている決算書が意外に多いものです。営業利益や経常利益の過小評価につながりかねませんので、気をつけましょう。

仕訳例 90

損益計算書 当期純利益

法人税及び住民税、事業税

　顧問先A社は、当月の利益に応じた法人税等の見込み額として、30万円を「未払法人税等」として経理処理した。

👍イチ推し

法人税及び住民税、事業税 300,000 ／ 未払法人税等 300,000

　決算書をつくる段階になって、多額の法人税（住民税・事業税も含む）に社長が驚き、税理士と揉めごとになるケースがあります。社長としては、「こんなに税金を払うなら、利益を抑えたのに」（費用を増やす）ということです。

　とはいえ、銀行融資の観点からは、利益を抑えるのは得策ではありません。銀行は「利益＝返済力」と見ているからです。利益を抑えればその分だけ、受けられる融資額が減ってしまいます（目安として、抑えた税引後利益の10倍減る）。

　以上をふまえ、納税をめぐって顧問先と揉めごとを起こさないように、また社長が過度に利益を抑えることがないように、月次決算の段階で現時点の法人税見込額を可視化しておくとよいでしょう。具体的には、月次決算時点の利益に対する法人税を概算し、月末に「未払法人税等」として経理処理します（👍イチ推し仕訳）。

　あわせて、本決算の予測利益をもとに、最終的な法人税見込額も概算し、顧問先と共有できれば、決算書をつくる段階であわて

218　Chapter3 損益計算書

ることもありません。はじめから納税額がわかっていれば、納税に対する抵抗感も減り、利益を抑えようとする思考もやわらぐものです。

　とはいえ、納税するにもその資金が必要であり、社長にその不安があるのなら、「納税資金の借入」を提案しましょう。
　銀行から法人税分の借入ができれば、6か月（納税資金の融資は原則、返済期間6か月）で分割納税するのと同じ効果を得られます。一度に納税するより、高い預金残高をキープするほうが、資金繰りに有効です。返済期間が短いうえに黒字が前提ですから、銀行のリスクは小さく、融資金利を低めに抑えられ、プロパー融資の交渉がしやすいのもメリットでしょう。
　「お金を借りてまで税金を払うなんて嫌だ」と考える社長もいますが、実質的には「税金の分割払い」である旨を伝えると、理解を得やすくなります。

コラム❿ 税理士は銀行融資を推すべきか

「まえがき」でもふれたとおり、本書は銀行融資・銀行対応が主題でありながらも、仕訳（経理処理）に焦点をあてる内容です。

これについて、「そもそも銀行融資は必要か」という論点があります。

実際、「銀行融資を受けたほうがいい」と助言する税理士もいれば、逆に「銀行融資は受けないほうがいい」と主張する税理士もいるのです。筆者の考えは前者です。

ただし、「借入を増やせばいい」という意味ではありません。「借入をすることで預金を増やしたほうがいい」というのが真意です。いうまでもなく、預金が底をつけば会社はおしまいであり、だとすれば預金を潤沢に持つことが生存率を高める秘訣といえるからです。とはいえ、預金を増やすのも簡単ではありません。理想は利益をあげて預金を増やすことですが、限界もあるでしょう。年商1億円、税引後利益1,000万円という高利益率の会社でさえ、3,000万円の預金を増やすのに3年かかります（この規模の会社であれば、それくらいの預金は持ちたい）。

これに対し、銀行融資を利用すれば、立ちどころに3,000万円の預金を持つことが可能です。税引後利益1,000万円の会社が、3,000万円の借入をする難易度は、それほど高いものではありません（税引後利益の10倍が、銀行が考える融資限度額）。利益で預金を増やすことにこだわるあまり、預金を増やそうとしているあいだに、業績不振や天災に見舞われるなどして倒産してしまう可能性もあります。

会社の預金が少なくなったら、個人のお金を会社に入れればいいという社長もいます。ですが、個人のお金にも限度があるものですし、個人のお金は虎の子として温存するのがよいでしょう。

銀行からも借入できなくなったときにこその、個人のお金であるべきです。

　ここまで言ってもなお反論はあるもので、「利息がもったいない」と考える社長も（税理士も）います。たしかに、銀行借入をすれば利息の支払いは必要ですが、いわば必要コストです。預金をより潤沢なものとし、生存率を上げるための必要コストです。しかも、利息は損金であり、節税効果があります。仮に金利が3％だとしても、法人税率が30％だとすれば、実質的な金利は2.1％にすぎません。税理士であればこそ、税金も切り口に銀行融資の話ができるようにしたいものです。

　これからの日本では、金利が上昇することが予測されています。当然、融資金利も上がります。それにつれて、融資審査が厳しくなっていくことでしょう。融資金利が上がれば、利息負担から返済できなくなる会社が増えるため、銀行は貸倒れを増やさないよう審査を厳しくするものです。

　だとすれば、「借りられるうちに借りておく」のも大事な財務戦略です。いずれ資金が不足したときに、融資を受けたくても断られるのでは、顧問先はもちろん、税理士としても望ましい事態ではありません。金利が上昇する局面では、お金がない会社に対し、銀行が融資を断るのは当然の判断です。

　以上をふまえて、「銀行融資は受けたほうがいい」と顧問先に伝えましょう。より解像度を上げるなら、「借りられるうちに借りておく」という伝え方です。もちろん、借りるか借りないかを決断するのは社長ですが、選択肢を提示することが税理士にできるサポートであり、税理士の役割と考えます。

著者略歴

諸留 誕(もろとめ じょう)

税理士。諸留誕税理士事務所所長。

大学卒業後、複数の税理士事務所・税理士法人を経て、2016年に開業。「資金繰りの悩みから１人でも多くの社長を解放したい」との思いから"銀行融資専門税理士"を掲げ、主に中小企業・個人事業主の財務支援を行っている。銀行融資プランナー協会正会員。

開業以来毎日更新のブログ（3,000記事超、うち半数以上は銀行融資関連）をはじめ、各種SNS、YouTube、メルマガ、stand.fm、セミナー等を通じ情報発信を行っている。

『税理士必携 顧問先の銀行融資支援スキル 実装ハンドブック』（日本法令）など執筆多数。

- ブログサイト（モロトメジョー）
  https://joe-morotome.com/
- YouTube（銀行融資専門 税理士ジョー）
  https://www.youtube.com/@joe.morotome
- メルマガ（theLetter／発信LAB）
  https://hasshin-lab.theletter.jp/
- 音声配信（stand.fm／習慣LAB）
  https://stand.fm/channels/66656709316143a771b821b5
- X
  https://x.com/joemorotome
- Facebook
  https://www.facebook.com/joe.morotome
- Instagram
  https://www.instagram.com/joemorotome/

税理士必携
銀行融資を引き出す仕訳90　　　　　令和7年2月1日　初版発行

〒101-0032
東京都千代田区岩本町1丁目2番19号
https://www.horei.co.jp/

|検印省略|
著　者	諸　留　　誕
発行者	青　木　鉱　太
編集者	岩　倉　春　光
印刷所	丸井工文社
製本所	国　宝　社

（営　業）TEL 03-6858-6967　Eメール　syuppan@horei.co.jp
（通　販）TEL 03-6858-6966　Eメール　book.order@horei.co.jp
（編　集）FAX 03-6858-6957　Eメール　tankoubon@horei.co.jp

（オンラインショップ）https://www.horei.co.jp/iec/
（お詫びと訂正）　　　https://www.horei.co.jp/book/owabi.shtml
（書籍の追加情報）　　https://www.horei.co.jp/book/osirasebook.shtml

※万一、本書の内容に誤記等が判明した場合には、上記「お詫びと訂正」に最新情報を掲載しております。ホームページに掲載されていない内容につきましては、FAXまたはEメールで編集までお問合せください。

・乱丁、落丁本は直接弊社出版部へお送りくださればお取替えいたします。
・JCOPY〈出版者著作権管理機構 委託出版物〉
本書の無断複製は著作権法上での例外を除き禁じられています。複製される場合は、そのつど事前に、出版者著作権管理機構（電話 03-5244-5088、FAX03-5244-5089、e-mail: info@jcopy.or.jp）の許諾を得てください。また、本書を代行業者等の第三者に依頼してスキャンやデジタル化することは、たとえ個人や家庭内での利用であっても一切認められておりません。

©J.Morotome 2025. Printed in JAPAN
ISBN 978-4-539-73075-1

税理士 諸留 誕 の本

［税理士必携］

顧問先の銀行融資
支援スキル 実装ハンドブック

税理士 **諸留 誕** 著

Ａ５判　496頁　定価 4,400 円（税込）

"銀行融資専門税理士"として財務支援に取り組んでいる著者が、税理士としてもう一段階スキルアップするための膨大な知識とポイントを、初学者や非税理士にもわかりやすい言葉で書き尽くした１冊。

●主要目次●

第１章　顧問先にとっての銀行融資
第２章　銀行融資の基本を押さえる
第３章　決算書を磨き込む
第４章　融資引き出し戦略
第５章　融資メンテナンス術

書籍のご注文は株式会社日本法令 出版課通信販売係または大型書店、Web書店まで。
Tel：03 － 6858 － 6966　Fax：03 － 6858 － 6968